居住福祉の諸相

岡本祥浩・野口定久 編著

東信堂

はじめに

日本居住福祉学会会長　岡本祥浩

　2020 年は世界史上でも極めて重要な年になるだろう。2019 年の暮れから燻っていた新型コロナウイルスが武漢（中国）で確認され、東アジアからアジア全域へ、ヨーロッパへ、あっという間に北米から南米、アフリカ、豪州へと全世界を席巻した。その収束は現在（2022 年 7 月）もなお見通せない。我々は、この新型コロナウイルスのパンデミックを体験して、全世界のつながりを改めて確信した。他方、EU への難民受入やイギリスの離脱問題、米中や日韓の対立、北朝鮮問題、人種差別問題など世界の抱えるヒビも見た。

　日本国内に目を向けると、地震、津波、原発事故、台風、大雨、洪水など激甚自然災害が頻発し、多くの人々が住居を失い、高齢者施設をはじめとした社会福祉施設も被災した。同時に社会では少子化高齢化が進み、ひとり暮らしが増え、人口が減少し、災害復興は困難を極めている。それどころか、非正規派遣労働者が増大し、労働者世帯の家計は低額所得で不安定化している。そのうえ、第二次世界大戦後に形成された居住ストックは、狭小で居住設備が不十分で居住の基盤とならない。さらに、ホームレス、ひとり暮らし高齢者、低額所得者、障がい者、女性、子育て世帯、ひとり親世帯、外国人などの人々は多くの空き家を抱えた社会で住居の確保にすら困窮している。人にふさわしい居住の実現が、地球規模の災害と感染症の前に危機に晒されている。

　新型コロナウイルス感染拡大とその防止策は、我々に社会的距離の確保を強いている。それらがもたらした経済活動の低下は、居住の格差を増幅させるとともに我々に生活の基本に「つながり」のあることを知らしめた。インターネットカフェや漫画喫茶などが閉鎖され、住居を持たない人々は居場所

を失った。非正規雇用者の多くも収入が途絶えて住居を維持できず、途方に暮れた。社会的距離の確保に起因する医療・福祉機能の低下は、障がいを抱えた人、要介護者、ひとり暮らし、母子世帯、新型コロナウイルス感染者や他の患者などの支援困難を招いた。それどころか音楽、映画、演劇、芸能、お祭り、スポーツ、教育、製造、販売などの社会文化機能も低下した。災害現場や避難所においても社会的距離の確保のためにボランティアなどの救援力や支援力の低下が見られた。新型コロナウイルス感染防止策は、社会的に最も弱い立場の者から順に就労の機会と居住の場所を奪うとともに社会が果たすべき居住支援をも困難にした。生活困窮に陥った若者などが、「闇バイト」の募集に応じ、強盗団が結成された。2023 年全国で連続した強盗団の被害がマスコミの注目を浴びた。

　日本政府は、暮らしや雇用を維持するために生活保護、住宅確保給付金、雇用や事業継続のための給付金など従来の制度を拡充するほか特別定額給付金（10 万円／人）など新たな対応も行っているが、個別課題への応急対策は申請件数を増やすだけで課題の根本的な解決に至らない。多くの人にとって住居を確保する手立てが住居確保給付金しか無かったので、その給付決定件数は、1999 年度の 3,972 件から 2000 年度の 134,946 件と約 34 倍に急増した。我々の社会は、生活水準の向上を目指して多様な要件で成り立っている暮らしを細分化し、商品化させ、同時に暮らしを支える制度・政策を市場化してきた。1990 年代までは経済成長が、その弊害を隠してきたが、社会・経済の変化がそれを許さなくなった。問題を抱えた暮らしの部面をパッチワークのように取り替えるのではなく、包括的な暮らしの実現を目指さなければならないことを災禍が教えている。福祉の現場でも災害の現場でも「ワンストップ」窓口が必要とされ、制度の間に陥っている子どもやその世帯を支える「子ども食堂」のような活動が必要になっている。

　包括的な暮らしの実現に向き合うと、所与とされてきた住居や居場所などの空間が焦点になる。生活困窮者支援制度の新規相談件数が、1999 年度の248,398 件から 2000 年度には 786,163 件の 3 倍以上に増えた。相談内容は「経済的困窮」と「住まいの不安」が上位を占める。あらゆる課題は暮らしの基盤

である住居や空間と繋がる。新型コロナウイルス感染者の急増で軽症者や無症状者の自宅待機が増えているが、狭い住宅内では接触回避が困難だし、在宅勤務はおろか暮らしそのものが成り立たず、DV問題を惹起している。ひとり暮らしの感染者は、買い物はおろか外出すらできず社会的に孤立する。こうした状況を受け、住まいの居住者と社会とをつなぐ拠点機能の大切さがより一層認識され、住まいの確保を支援する資金にクラウドファンディングで一億円が集まった。

　一人ひとりにふさわしい居住なしには人々の暮らしと幸せはあり得ないという認識が広まってきたが、そこには生活の基盤としての空間、社会的孤立や孤独を防ぐ拠点としての住まいに暮らしを支える様々な機能をつなぐ、包括的な「居住福祉」という概念が不可欠である。「居住」とは、「居を構えて暮らすさま」を意味し、「居住福祉」は居住が暮らしの基盤であること、居住が福祉を導くことを意味する。「居住福祉」概念を広敷し、一人ひとりが幸せに暮らす「居住福祉社会」を構築するには、「居住福祉学」の確立が望まれる。学問の性格は仕組みや法則を解明する「法則科学」と「課題解決学」に分けられると言われている。「居住福祉」は、激甚災害の頻発と感染症の蔓延が生存基盤を揺るがすなかで、社会の連携と分断の間で危機に直面している。「居住福祉学」は、我々の様々な技術、知識や観点を「包括的」な居住の実現に統合させ、居住に関わるあらゆる学問の成果を活用し、「居住福祉」存続の危機に立ち向かわなければならない。

　日本居住福祉学会は、これまで一般に気付かれなかった住居やまちや地域、祭りや仕事、地域社会やその仕組みなどが居住を支えていることを認識し、それを「居住福祉資源」と名付けた。我々を取り巻く社会、それを構成しているものやことが暮らしの実現につながっているとの認識は、今般のコロナ禍においても新たな展望を開くことが期待される。とは言え、現代社会の状況は過酷で、地球環境の破壊、社会の分断と孤立や孤独を放置しておける余裕はない。人類がこれまで指標としてきた「金銭価値」に基準を置く考え方から脱し、暮らしや人権を基準に居住を目標とする「居住福祉」を掲げなければならない。現在は、「居住福祉学」の体系を示し、その概念を確立する

時機に至ったと考えられる。

　本書は、「居住福祉学体系」の嚆矢として現代社会を「居住福祉」の観点で切り拓き、「居住福祉の諸相」を提示することでその展望を示そうとした。本書の構成は次のようになる。「居住福祉」が取り組むべき全体像を序章及び第6章で示した。我が国のコロナ禍において「居住福祉」が取り組むべき課題の概観を明らかにし、対象とする社会の全体像の把握と到達すべき目標像を提示した。第1章及び第7章では細分化した思考や観点の統合を提示した。第1章では包括的な居住を捉える視点として空間軸、時間軸、社会軸を統合した「生活資本」を提示し、居住の現状を分析した。第7章では統合的な観点と主体を育てる教育問題について、現状とその将来像について検討した。経済成長とともに生活水準の向上が著しい東アジア諸国の実態を第2章でとらえた。「居住福祉」の待望は、日本だけでなく、諸外国においても重要な課題である。東アジアの大都市で生じている居住格差と居住貧困問題の実情を明らかにした。第3章及び第4章では、現代社会の抱える典型的な課題として地域コンフリクトと高齢者の地域居住を取り上げた。第3章では多様な主体が特定の地域に居住することで生じやすい地域コンフリクトの実態を明らかにした。第4章では分断され孤立しやすい高齢者を地域で包摂する「地域包括ケア」の仕組みを明らかにした。いずれの課題や領域においても考慮すべき歴史的観点を第5章で検討した。現代社会が創り出されてきた経済成長期に目を向け、経済発展と政治意識の実態を明らかにした。各章を通して明らかにされた現代社会の実相を通し、捉えるべき社会や議論すべき観点、構築すべき法制度や実践が展望できるものと考える。

　本書『居住福祉の諸相』を通して展望される「居住福祉」の論点や観点、法制度、実践活動などについて議論を展開しながら「居住福祉学」体系の確立を目指したい。次頁に故早川和男先生の本叢書に対する提言を示しているが、そこには展開すべき議論が諸制度とともに極めて具体的に示されている。一つ一つはそのままの形で実現するとは思わないが、事業や諸制度の実現は「居住福祉」思想の普及を踏まえているように思う。そのような状況を一日でも早く迎えるために、現代社会の処方箋として「居住福祉」思想が受け入れられるように更に議論を深めていきたい。

居住福祉叢書の刊行趣旨

早川和男

　2011 年の東日本大震災と福島第一原発の事故は、多くの市民の住居や生業、地域社会の生活基盤を根こそぎ奪い去った。市民は「故郷を失う」という将来への言い知れない不安と苦しみに直面している。ところが、日本の政治・社会は「デフレ脱却＝景気浮揚」といった経済成長追求の論議に熱中している。「経済が成長すれば問題が解決する」という観念に支配され、被災地再興への関心は薄く、原発事故への反省も聞かれないのが現実である。

　日本では、高度経済成長時代でも、多くの市民が低質・欠陥住宅や、高い家賃や重い住宅ローンの負担などの「居住の貧困」に苦しめられてきた。いじめや家庭内暴力などの精神の荒廃にも、こうした問題が反映している。住宅の建設は、市民の「居住を保障する」ためではなく、景気浮揚＝経済成長の手段とされてきたのである。

　今日の失業、格差拡大、貧困、そして膨大な財政赤字の発生は、このような経済成長追求型の思考と方法の限界を示している。人間不在の現状を改善するには、こうした固定観念から脱却し、"生存と幸福の基盤としての居住の保障"に真っ直ぐ向き合う「居住福祉社会」を構築しなければならない。

　「居住福祉叢書」は、その基本的要件、実現目標、道筋を多面的に追究し、日本社会のパラダイム転換を目指すものであり、次のような課題と目標を提起したい。

1　人間にふさわしい居住空間を形成する主体となる制度、社会システム、教育などのあり方を、市民自らが追究し、それらに資する社会システム、技術、自然などの「居住福祉資源」を発見し評価すること。

2　日本国憲法が定める幸福追求権（第13条）に立脚し、政府、企業、市民その他の責務を明らかにし、行政の政策、企業の経営理念や方針、市民や専門家が取り組むべき課題を提起し、「居住福祉法」制定や「居住福祉省」設置など、根本的な行政改革を実現させる道筋を検討すること。

3　当面の具体策として、最大の居住ストック保有者である都市再生機構（UR）は、居住困難の解消、大災害といった有事の際の機動性など、その活動範囲を拡げ、現代社会の要請に応え得る明確な目的意識と公共性を具えた「居住福祉公団」に改める。

4　住宅・不動産業を「居住福祉産業」に転換させるとともに、韓国にならい、「居住福祉・社会的企業」による「社会的弱者層の雇用創出」制度の導入を早急に図ること。

5　高齢者や障害者が社会的入院などではなく、「在宅」または「地域内居住」といった環境で暮らせるようにするなど、居住に関する諸課題に対し、的確なマネジメントを行う人材を育成する国家資格の「居住福祉士」制度創設のための教育制度をつくること。

　研究者や不動産・住宅業界だけでなく、多くの市民、当事者が「日本列島居住福祉改造計画」の議論に参加し、「居住福祉社会」の実現に行動することを期待する。

居住福祉の諸相 / 目次

第6章　コロナ危機に向き合う居住福祉社会 …… 野口定久　124
——社会的距離と社会的包摂——

居住福祉叢書③

居住福祉の諸相

序　章　コロナが問う居住福祉
──パンデミックを超えて──

野口定久

はじめに

　新型コロナウイルス(国連による正式名称は COVID-19) 危機は、グローバル経済による格差拡大や地球環境問題によって生み出されてきた、それぞれの社会の「弱い部分」を直撃して、その危機の根深さを浮き彫りにした。過日、「森林・自然資本と社会的共通資本」というテーマでパネルディスカッションが開かれた (2019 年 3 月 15 日　日本経済新聞社など主催)。ここで用いられた鍵概念の「社会的共通資本」とは、著名な経済学者である宇沢弘文氏が提唱された概念である[1]。自然環境、社会的インフラストラクチャー、(医療や教育などの) 制度資本からなる、豊かな社会の基盤を意味する。その性格上、国家の統治機構の管理や市場原理での取引にはなじまず、高い倫理観を備えた職業的専門家が専門的知見に基づいた職業的な規範にしたがって管理・維持されなければならないとされる (宇沢 2000: 5)。COVID-19 パンデミックの地球環境的リスクは社会的共通資本にも大きな影響を与えざるを得ない。本章では、まず、(1) 2020 年 1 月ダボス会議の「気候変動による地球環境の危機的状況と資本主義のあり様」の議論を紹介する。次いで、(2) 居住福祉の価値としての共生社会、(3) 新しい生活保障システムの形成を迫る COVID-19、(4) コモンの再生から見た居住福祉の構想という順に論点を紹介していくことにする。

1. 気候変動による地球環境の危機

　COVID-19 パンデミックの兆候が現れ始めた頃、2020 年 1 月 24 日に開催されたダボス会議では、資本主義の再定義が主題に取り上げられた（「格差・環境が転機　IBM の CEO「全ての関係者に配慮」日本経済新聞 2020 年 1 月 23 日）。以下、要点を紹介してみよう。全体の論調は、潮目は変わりつつあるとし、今年のダボス会議は社会全体の利益貢献を打ち出した 1973 年の宣言に基づき、社会の分断や環境問題に向き合う「ステークホルダー（利害関係者）資本主義」を指針に掲げている。

　とりわけ株主への利益を最優先する従来のやり方は格差の拡大や環境問題という副作用を生んだという問題意識から、経営者に対して従業員や社会、環境にも配慮した「ステークホルダー資本主義」を求める声が高まった。1970 年に、経済学者ミルトン・フリードマンが「企業の唯一の目的は株主価値を最大化することだ」と訴えた（『資本主義と自由』）新自由主義的経済思想として、その後は米英が主導し、短期的な利益の追求が資本主義の原動力になってきた。

　「我々の知っている資本主義は死んだ」。ダボスでの討論会で、顧客情報管理の大手、米セールスフォース・ドットコムのマーク・ベニオフ最高経営責任者（CEO）が声を上げた。企業は株主への利益の最大化ばかりに目を奪われ、「不平等と地球環境の緊急事態を招いた」と語り、伝統的な大企業も資本主義を問い直す思考が始まった。また、米経営者団体ビジネス・ラウンドテーブルは 2019 年 8 月、従業員や地域社会の利益をこれまで以上に尊重する方針を示した。アップルのティム・クック氏や、JP モルガン・チェースのジェイミー・ダイモン氏など有力経営者が署名し、米企業の本気度をうかがわせた。今回の会議は「株主至上主義」の見直しをグローバルな場で再確認する機会になったといえる。

　COVID-19 パンデミックは、新自由主義、株主至上主義の中で、貧困・格差の拡大や地球環境の破壊という危機を顕在化させ、その克服に向けた思考や構想、そして実践の動きを加速させている。確かに潮目が変わってきてい

るのである。

　そのようなトレンドから、マルクスのエコロジーの観点を用いてコモンの再生を提起する経済思想家の斎藤幸平は、『人新世の「資本論」』(斎藤 2020: 112-115) の中で、「気候変動による人類生存の 4 つの未来の選択肢」を提示している。長くなるが紹介しておこう。①気候ファシズム (現状維持を強く望み、このままなにもせず資本主義と経済成長にしがみつく、一部の富裕層の惨事便乗型資本主義は、環境危機を商機に変えて、富を独占し、環境弱者・難民を厳しく取り締まる。113 頁)、②野蛮状態 (気候変動が進行すれば、環境難移民が増え、食料生産もままならなくなる。超富裕層 1% と残り 99% との力の争いで、勝つのは 99% の方。大衆の叛逆によって、強権的な統治体制は崩壊し、世界は混沌に陥る。114 頁)、③気候毛沢東主義 (社会が「野蛮状態」に陥ると、貧富の格差による対立を緩和しながら、トップダウン型の気候変動対策とすることになる。そこでは、自由主義や自由民主主義の理念を捨てて、中央集権的な独裁国家が成立する。より「効率の良い」、「平等主義的な」気候変動対策を進める可能性。114-115 頁)、④ X；エックス (専制的な国家主義にも、「野蛮状態」にも抗する試み。強い国家に依存しないで、民主主義的な相互扶助の実践を、人々が自発的に展開し、気候危機に取り組む可能性。公正で、持続可能な未来社会の創造と実現。115 頁) を提示している。

　COVID-19 パンデミック、気候変動、失業、環境問題、異常気象……など、地球や人類に大きな負荷をかける今の状況から脱出する方策を構想し、実行しなければならない。

2.　居住福祉の価値としての共生社会

　近代化や産業化・工業化の産物である都市化は、確かに物質的な生活水準を多くの国民に供与した。しかし、一方で現代社会は、人口減少社会の中で、空き家や空き地が増え続ける「都市のスポンジ化」[2] を生じさせている。そして、自然生態系と人間社会を切り離した。その境界領域が中山間地域の集落であり、里山である。この境界領域で生じている事象は、自然と地域の破壊であり、天変地異の災害であり、自然と人間との対立である。元来、人間は

自然の一部として生存してきたし、他の生物とも共生してきたのである。わが国で、この自然と人間の共生関係が崩れかけたのは 1970 年代からであろう。もう一度自然生態系の中に人間を取り戻す必要がある。その場が集落そのものである。そこには自然と人にやさしい技術や制度を創出しなければならない。

　居住福祉の鍵概念でもある「（誰一人排除しない）共生社会」とは、文部科学省の定義では、「これまで必ずしも十分に社会参加できるような環境になかった障害者等が、積極的に参加・貢献していくことができる社会である。それは、誰もが相互に人格と個性を尊重し支え合い、人々の多様な在り方を相互に認め合える全員参加型の社会である。このような社会を目指すことは、我が国において最も積極的に取り組むべき重要な課題である」（平成 24 年 7 月 13 日「特別支援教育の在り方に関する特別委員会報告」より）と示している。

　図序 –1 で示したように居住福祉の重要な課題の一つは、自然生態系と人間社会システムをいかに調和させ、集落に人が住み続けられるように、社会的共通資本（インフラストラクチャー）および生活機能を集落に保持する仕組

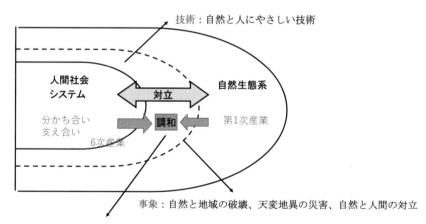

図序 –1　地域共生社会のかたち—自然生態系と人間社会システムの共生領域の再生

筆者作成

みを再生し、それらを共有財および公共財としてファンドや租税で賄うことに合意することであると考える。そして、自然生態系と人間社会システムの調和を実現していく考え方として次の3点を挙げておく。①排除の論理ではなく自然生態系のなかに取り込んでいく方法が曼荼羅論である。②曼荼羅は、何ごとも排除せずに配置を変えることによって社会変動をもたらす。配置を換えることによってそれぞれの個は、全体のなかに異なる意味を与えられることになる（鶴見 1998: 528-529）。③お互いに相容れないものを融合し一つの世界観を創っていく。

　たとえば、集落の住民が医療や介護、福祉サービスへアクセスするには、距離とコストの課題を克服しなければならない。町の中心部から集落までの介護保険サービスに要する時間が1時間以上であったとしよう。営利の介護保険事業では採算が合わないので、市場は集落の要介護高齢者のところまでは行けないのである。それまで、この距離とコストの課題を担ってきたのが社会福祉協議会等の民間ではあっても公共機関がその役割を担ってきたし、現在も公共機関がその担い手として存在している。また、集落と町を結ぶ道路が地震や豪雨で崩落した場合、その補修費と集落の住民の移住費を比較するような風潮が見受けられる。集落の住民にとっては、「生命や生活」の介護サービスであり、道路なのである。ここへの努力なしに、自然生態系を保持することはできない。それゆえに、自然と人にやさしい技術（政策や実践）を創出する必要がある。居住福祉の重要な対象と政策及び実践の課題である。

3.　新しい生活保障システムの形成を迫る COVID-19

　総務省「労働力調査」（2020年10-12月期）は男女合わせて37.4%で、男性（17.5%）より女性（46.8%）が高い。非正規労働者の増減を、COVID-19感染症の発現以降の2020年四半期ごとに見てみると、1-3月期で初めてマイナス9万人を数え、4-6月期に88万人減、7-9月期には最大の125万人減、10-12月期に78万人減となっている。明らかにCOVID-19危機の影響が出ている。非正規労働者の雇用機会が減少していることが明らかである。同調査でも、就業者

の減少が目立つのは対面型のサービス業や小売業である。外出自粛や営業
時間短縮に苦しんできた業種で、特に女性の落ち込みが大きいとの結果を
示している。前年同期からの変化を 4-7 月の平均でみると女性は宿泊・飲食
で 28 万人減、生活・娯楽で 14 万人減、卸・小売りで 11 万人減となっている。
男性の減少はそれぞれ 10 万人以下である。これらの業種は非正規の女性が
多く、雇用調整の対象にもなっている。このような状況に対して白波瀬佐
和子は、「コロナは飲食業など対面型のサービス業を直撃した。誰が働いて
いるかといえば女性である。非正規雇用の約 7 割を女性が占め、低賃金で
不安定な立場にある。看護や介護、保育などの分野にも女性の働き手が多く、
過酷な労働環境にさらされている」（日本経済新聞 2021 年 2 月 5 日）との意見を
述べている。このような日本の労働者の置かれている状況はリーマンショッ
ク以降の特徴であり、特に新型コロナ禍の中で顕著になったと言わざるを
得ない。

　今日、われわれが置かれている社会構造は資本主義に特有な生産関係に
よって秩序化されているので、好むと好まざるとにかかわらず、その生産関
係の中で生活していかざるをえないわけである。すなわち、生産関係は資本
と労働の関係によって成り立っていて、この関係を通じて、労働者は自らの
労働力を資本家に売り渡し、その報酬として賃金を得る。その賃金で、市場
から生活のための物資とサービスを購入して消費生活を営み、労働力を再生
産する。また消費生活で再生産された労働力は、労働市場を通じて職業に再
びつながっていく。したがって、われわれは次の日にも、昨日と同様に、あ
るいはより優れた労働力をもって職業に立ち向かわないと、職業戦線で脱落
者になる。職業はたえず労働市場を背景にもった競争の中にあり、とくに不
安定労働者や不熟練労働者の場合には、この関係が毎日、鋭く実現してくる
のである。また自営業者の場合にも、その生産物や販売品を商品市場に売
ることによって、同じ関係に立たざるをえない（篭山 1976: 24）。賃金や収入
が低くてはそれを十分に再生産できず、労働力は量・質ともに、漸次に摩滅
していって、やがてその労働者は生活の根源となる生産関係から順次脱落
していくことになる。このようにして労働者階級の最底辺に老廃した労働者が

たえず脱落していかざるをえない。資本主義社会は、資本が労働過程を通して増殖していかざるをえない原理をもつ以上、その活動によって絶えず階層的下降、転落がおこっている。これが資本主義社会におけるそれ自身が生み出した不安定化、すなわち貧困化ということであり、この不安定化の進行そのものを喰い止めていくことが生活保障システムの究極の課題となってくる。それゆえに、一般階層の生活の最低限水準（ナショナル・ミニマム）を設定することが、社会保障・社会福祉の重要な課題となってくるのである。

　結果として、生活保障システムの目的は、**図序 –2** で示したように、こうした社会関係の不安定化の進行を食い止める最低限水準の確保および不安定化の進行によって社会生活機能を喪失した人々に社会的援助サービスを提供し、現金給付による最低限水準以上にその世帯の生活能力をひきあげる「営み」に他ならないのである。宮本太郎は、こうした生活保障の考え方を新しい生活保障システムとしてベーシックアセット論を提起している。

　その中で、人々にとっての生活保障プログラムのアセットの最適性を主張し、「一人ひとりが抱える多様な困難に応じて必要なサービスや現金給付の最適な組み合わせが地域のコモンズを通して提供されうることが最も重要な点であり、ベーシックアセット論の大きな可能性であると考えている」と述べている（宮本 2021: 28）。そして、社会保障の従来の「事後的補償から事前

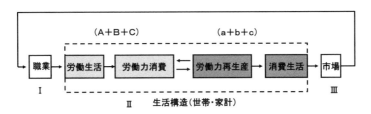

図序 –2　職業と家庭生活と市場の循環構造

出典：篭山京 (1976)、24 頁の図をもとに筆者が加筆

的予防へ」という転換を説いた社会的投資論および「再分配」から「当初分配」へという議論にも発展させている。

4. コモンの再生から見た居住福祉の構想

　次に、地域社会における住民生活をとらえる必要な側面としてコモンの概念を用いて考察してみよう。まず世帯による家庭（消費）生活、そして地域住民が共同で使用、消費するもの（たとえば道路、橋、上下水道、学校、公園、図書館など生活のための必要な諸施設・設備）、いわゆる「社会的共同消費手段」とよばれるものがある。資本主義の発達が旧共同体の直接的共同性、いわゆる社会的な共同生活の様式を分化させ、やがてそれを社会の機能として整備していかざるをえない過程は、生活の社会化に伴う、社会保障・社会福祉の公的責任の発生根拠として重要な課題となってくるのである。ところが、都市化と産業化の進展による生活様式の変化と地域社会の不均等発展は、一つにコミュニティ（特に地域共同体）の解体として、二つに過疎地域の「社会的共同消費施設」の決定的な不足をもたらし、国民生活を貧困化し、地域社会を解体させていく重大な原因になっている。

　その場合、福祉政策としての最低限の設定基準と地域住民の生活実相にもとづく最低限水準は当然異なるし、とくに先にみた社会的共同消費手段の一部に含まれる福祉サービスなどは、最低限水準を設定しにくいということもあり、また政策レベルで最低限基準を怠ることもありうる。社会的共同消費手段にかかわる諸整備・施策の最低限基準化は、低所得層・要援護階層はもちろんのこと、一般階層にとっても必要である。政策レベルの最低限基準と住民レベルの最低限基準のギャップ、いわゆる最低限の二重構造を埋めていくことが居住福祉活動の本質であるといえる。これはナショナル・ミニマムのように中央政府が全国的に網をかけるのでなく、基礎自治体が住民の基本的人権である生活権を樹立する公準（シビル・ミニマム）を示したものである。シビル・ミニマム論は、1963-64 年にかけて静岡県三島・沼津・清水二市一町の住民が環境アセスメントを行い、それに基づいて公害に反対し、政府の

石油コンビナート誘致反対運動を起こすという、保守層を巻き込んだ広範な運動となった住民活動を支える理論として登場した。今日では、公共施設等の老朽化や劣化をめぐって、改めて住民生活の公準としてのシビル・ミニマムの必要が問われている。

　晩年のマルクスは、『MEGA』120巻の中でエコロジカルな資本主義批判を展開している（斎藤 2020: 161）。斎藤は、『人新世の「資本論」』のなかで、晩期マルクスのエコロジー論と脱成長コミュニズムの視点から「コモンの再生」が新自由主義や資本主義の弱点を克服する新たな試行になり得るとの見解を示している（同前: 261）。その事例には、自発的な結社であるアソシエーションの概念を具現化したワーカーズコープ（労働者協同組合）の実践がある。アソシエーションは、社会の富をコモン（共有財産）として管理する中間組織である。すなわち、畑、道具、栽培方法、水といった生産手段をコモン（共有財産）として取り戻していく実践でもある。資本主義による人々の飽くなき欲望が自然を破壊する結果、地球全体を持続可能にする経済社会のかたちを構想し、実行することは可能ではないかという問いかけを、COVID-19パンデミックは提起しているように思われる。ウイズ・コロナ、アフター・コロナを通じて居住福祉学の構想とその実行が希求される。そして居住福祉学が、新自由主義的資本主義でもない、社会主義でもない、別の社会を構想し、自然生態系の一部としての人類の未来を考えることにつながっていくことを願っている。以上から、私が想定する居住福祉社会のイメージを示しておく。

　　コモン（共有財産）＋アソシエーション（協同組合）＋自治体のシビル・ミニマム＋国のセーフティネット＋環境循環型市場経済（SDGs）　≒　居住福祉社会（福祉コミュニティ）

注

1　社会的共通資本（インフラストラクチュア）：通常、インフラストラクチュアとは、電力などのエネルギー産業、道路・港湾などの輸送施設、電話等の通信施設、都市計画における公園、上下水道、河川などの都市施設をさす（『ブリタニ

カ国際大百科事典』)。ここで用いる社会的共通資本（インフラストラクチュア）は、住民生活に必要な道路、下水道、広場や遊び場、レクリエーション施設、医療機関、学校、保育所や社会福祉施設等の「生活基盤施設」や医療・福祉・介護等の社会サービス、金融、司法、行政、出版、ジャーナリズム、文化などの「社会制度」をさす。加えて、寺院、神社、教会などの宗教的コミュニティや、都市や農村も社会的共通資本と考えることができる。経済学者の宇沢弘文が提唱。

2　地方の人口減少が加速するなかで、郊外での無秩序な開発に歯止めをかけ、コンパクトな都市構造に転換することが求められている。一方、全国で空き家や空き地が増えている。こうした十分に利用されていない空間が地域内で広く点在する状態を「都市のスポンジ化」と呼ぶ。

参考・引用文献

宇沢弘文『社会的共通資本』岩波新書，2000

篭山京『戦後日本における貧困層の創出過程』東京大学出版会，1976

斎藤幸平『人新世の「資本論」』集英社新書，2020

鶴見和子『曼荼羅Ⅴ　水の巻』藤原書店，1998

宮本太郎『貧困・介護・育児の政治―ベーシックアセットの福祉国家へ』朝日新聞出版，2021

ミルトン・フリードマン著、熊谷尚夫、西山千明、白井孝昌共訳『資本主義と自由』マグロウヒル好学社，1975

コラム　市民による住宅と水道の再公営化─地域政党バルセロナ・イン・コモンの実践例

　スペインのバルセロナ市で、水道の再公営化を求める市民運動から地域政党「バルセロナ・イン・コモン」が誕生し、市長を2期連続して擁立することに成功した（岸本 2020）、という事例を紹介する。日本では、あまり知られていないが、2018 年 12 月、衆・参両院 12 時間というスピード審議で、水道法改正法案が可決された。国民には、寝耳に水のことであった。オランダのアムステルダムに本部を置く政策シンクタンクに所属し、欧州を中心に水道や住宅の公共政策に着目し、市民運動と自治体をコーディネートしてきた岸本聡子（現杉並区長）は、"水は誰にとっても必要なもの。人権なのです。あるいは、みんなの公共財・共有材〈コモン〉とも言えます"と主張している。また、なぜ中央ではなく、地方から再公営化運動は立ち上がってきたのか、という問いにも、"新自由主義的な中央政府や EU に対して、地方からノーという運動が展開しており"、さらには「フィアレス・シティ」（恐れぬ自治体）と呼ばれる世界的な自治体運動ネットワークに発展している。水道民営化に反対する自治体は、世界中の自治体と協力し、国境を超えた運動に発展してきた"と応答している。この動きは、日本では、浜松市の水道民営化反対運動という、地元住民たちが立ち上がって、水道民営化に反対する 3 万筆以上の署名を集め、民営化検討作業を一時中止に追い込んだ事例に見られる。

　地域政党バルセロナ・イン・コモンのもうひとつの市民運動を紹介しておこう。バルセロナでは、外国人観光客が 2017 年に約 1200 万人を数え、オーバーツーリズム（過度な観光誘致政策）によって家賃が支払えない低所得の住人が追い出された。個人の住宅は民泊（商品化）となり、2013 年に家賃が約 682 ユーロであったものが、2019 年には約 979 ユーロに跳ね上がった。バルセロナ・イン・コモンが中核となって住宅の家賃の高騰に対する抗議デモを起こし、違法民泊の 4900 件に営業停止命令を発出するとともに、新築住宅の 30% を公営住宅にする法律が定められている。

　現在の COVID-19 への政府や自治体の対応は、度重なる非常事態宣言の発出と延期を繰り返し、その都度、政治リーダーに権力を集中させ、民意や科学的根拠の存在を知りながらも、この機に乗じて平時にはできないような改革を実施していこうという意図が見え隠れしているようである。水道や住宅の再公営化もまた、身近なところから始めた運動が、企業や政府、さらには世界を動かしていった事例である。諦めずに運動を続ければ必ず実現できるということを再確認させられた事例であり、実践であり、政策形成でもある。

参考文献；岸本聡子『水道、再び公営化！欧州・水の闘いから日本が学ぶこと』集英社新書, 2020 年

第1章　居住福祉学の新たな視点
——生活資本論——

岡本祥浩

はじめに

　近年、居住の困窮が増えてきたように思う。超高齢社会の到来、世帯規模の縮小やひとり暮らし世帯の増加、孤独や孤立死の不安、高齢の親と中年の子ども世帯が将来の暮らしの展望を見出せない「8050問題」などの「人口構造の変化」を背景にする暮らしの困難、建物の老朽化や都市再開発などによる住宅の建て直しや契約期限の満了などの制度による意に沿わない「強制転居」、居住費を負担できず暮らせない人々を支える「生活困窮者の支援問題」などがマスコミで話題になる。そして、災害や貧困問題を通して「住み続けられなくなる」状態が起きている（井上 2012: 21）。現在の日本は居住の危機の時代を迎えていると言えないだろうか。これまで普通に実現できていた暮らしがいとも簡単に壊れる状況を目の当たりにする。2020年以降のコロナ禍においてその様相は、より広範囲に、静かに広がっている。

　これらの問題に日本社会がどのように対応しているのだろうか。「超高齢社会の問題」では高齢者の比率の高さが焦点になり、その原因としての「出生率の低下」や「長寿命化」が分析され、超高齢社会がもたらす医療や介護の費用負担や介護従事者の不足問題などが議論されている。「社会的な人間関係の希薄化」では人々の孤立や孤独が話題になり、高齢化の進展を背景に「孤立死」や「孤独死」の不安が社会的課題になっている。「人口構造の変化」はこれまで機能してきた社会的仕組みの機能不全を招いている。

　一方、暮らしの基盤である住居の喪失は暮らしそのものの喪失を意味する

が、老朽化や耐用年数など物的な問題で住宅を失うこと、居住期限が満了するなどで住居の利用権を失うこと、生活保護の適格性の問題などのように転居を余儀なくされることなど多様な理由が原因となっている。また、所得格差の拡大など経済的な多様性の増大は、家賃や住宅ローンを負担できない新たな貧困層を生み出している。コロナ禍において女性の就労と住まいの喪失が、急速に広がっている。かつて国民全体が貧しかった時代には、貧困者は非市場的な互助で暮らしを支えていた。高度経済成長を通して日本社会はひと時、貧困問題を克服したが、格差の拡大から新たな貧困階層が生まれ、人間関係の希薄化が非市場的な互助の機能を低下させ、人に相応しい住居に住めない人々が現れるほど新たな社会保障の構築が必要な事態に至っている。更に 1995 年の阪神淡路大震災以降の激甚災害の多発は、住居を喪失する多くの世帯を生んでいる。これまで日本社会は若い年齢構成と経済成長を前提に生涯における住居の確保と居住水準改善を実現させてきたが、日本社会が超高齢社会と低成長・不安定経済、非公式な互助の弱体化を抱え、高齢者や様々なハンディキャップを抱えた世帯が住居を再取得できる仕組みを構築しなければならないという困難な課題を抱えるに至った。2019 年 6 月に発生した新潟・山形地震では激甚災害に指定されず住宅再建に国の支援が受けられず、困窮しそうである（毎日新聞 2019 年 6 月 25 日夕刊、7 頁）という記事はそうした一面を示している。

　注）自治体が設ける修理費補助金を国が一部負担するようだ（2019 年 9 月 25 日付）。

　このように暮らしを支えるという社会的課題はそれぞれの分野で検討され、解決策を見出そうと努力されているのであるが、残念ながらそれらは個別固有な課題解決に留まり、安定した暮らしの実現に結びつかない。短期間の科学的な知見の蓄積や技術の進歩を追求してきたあまり、科学や技術と暮らしとのつながりが希薄化・乖離した結果である。暮らしは多くの要素とそれらとの関係で成り立つものだが、短期間で問題構造を解明し、対応策を提起するという要請のもと、可能な限り少ない要素とそれらの関係性を前提とした分析が求められてきた。その結果、本来考察の対象とすべき要素の欠落や質的に重要な要素が考慮されず、暮らしとの関係性を失ってしまった。個別の

科学的知見の蓄積や技術の進歩は必要だが、包括的に暮らしを対象とする考え方やその知見の蓄積も無視し得ない。そこで本章では生活を包括的に捉える観点として「生活資本」を提起し、その概念を考察したい。

　最初に「生活資本」の概括的な理解のために事例を参照したい。1995 年の阪神淡路大震災の被災者で借上復興住宅に入居した人々がいる。ところが、20 年間の借上期間が終了するとのことで退去を迫られた。この事案の生活を見ると「生活資本」の概念がわかりやすい。借上復興住宅からの退去を迫られている N さんの暮らしは次のようだ。

　　「(N さんの住居は) 歩行器で歩きやすいように玄関からベッドまで、まっすぐに歩けるように家具が配置されている。歩くときの支えにしたり洗濯干しに使ったりするために、机の周りにイスをたくさん置いている。

　　駅やスーパーが近く、そこまでもバリアフリーになっている。駅前のスーパーの店内もバリアフリーなので買い物ができる。自宅の隣にスーパーがあるのだけれども、買い物に往復一時間かか (ってい) る。(N さんは) バリアフリーの住宅とまちがあるので (初めて) 生きていける。

　　(道で会うと) 近所のおばちゃん 5、6 人が挨拶してくれるのでとてもうれしい」(市川 2012: 14-15、( ) 内は筆者が補った) 。

　N さんの暮らしは、歩行器が使えたり、洗濯物干しや移動を補助できる工夫が可能な「住宅という空間」、買物や移動などの「暮らしを支えている近隣の施設や街という空間」、挨拶を交し合えることで「精神的に支えてくれる周りの人との人間関係」などで成り立っている。暮らしには住宅や街という空間、人間関係という社会的なつながりが必要であり、それぞれがバラバラだと暮らせない。暮らしを支える条件や仕組みが居住者本人と有機的につながって初めて暮らせる。さらにその関係を維持したり促進したりする法制度の必要性も忘れてはならない。

　筆者は生活を実現させる仕組みや条件や環境を包括的に「生活資本」と称しているが、以下でその構成を考察しよう。

1.　生活資本とは

　居住問題の解決は当人に相応しい生活の実現を意味するが、現状と当人に相応しい暮らしとの間のギャップを埋めて居住福祉を実現することが重要である。

　人それぞれに相応しい暮らしがある。安定した暮らしは、住居を基盤として展開される。そのために住居は次の要件を満たさなければならない。住居は日常生活行為を過不足なく受け入れ、自然災害や暑さや寒さから居住者を守る必要がある。住居は居住者の命と健康を守らねばならず、清浄な空気や衛生的な水や公衆衛生を維持する役割も果たさなければならない。また居住者それぞれのプライバシーを守りつつ、世帯構成員の適切なコミュニケーションを促進することも求められる。

　暮らしは住居の中だけでは完結しない。その世帯だけでは生み出せない食物、衣類、家具、什器、家電などを他から手に入れて暮らしている。また社会が提供する教育、医療、福祉、労働の場、交通・通信、購買、リクレーション、公園・緑地などの機能を活用しなければ所属する社会の生活水準を享受できない。

　暮らしを支える住居や居住地域は常にそれらと居住者の暮らしとの間の適合性に配慮しなければならない。なぜなら、暮らしの主体である居住者の身体機能や社会的位置づけやライフステージが変化するからに他ならない。加齢による身体機能の衰えや喪失については一般的に合意されているだろうが、社会的位置づけやライフステージの変化が生活の実現に必要な条件を変えることはあまり認識されていない。結婚すれば、当人だけではなく配偶者の暮らしも考える必要がある。子どもが生まれれば、乳幼児に必要な小児科などの社会的機能の利用に配慮しなければならない。退職すれば、通勤費をはじめ暮らしを支える費用を賄う収入を失う。極力交通費をかけず、現金を使わずに暮らさねばならない。要介護の状態になれば、福祉施設や生活支援機能が必要である。当事者のライフステージに相応しい生活を支える社会的機能を利用できる住居の立地と質が必要である。

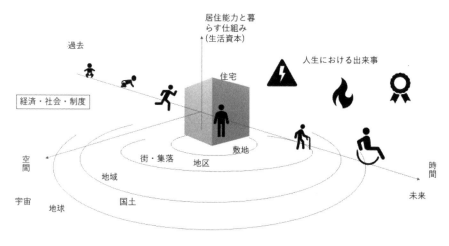

図1-1　生活資本の概念

　つまり、暮らしの実現には、住居や居住地などをはじめ暮らしを受け入れる空間、暮らしを支える社会的機能、そしてそれらが居住者のライフステージや心身の状態に適切に調整され、機能することが必要である。

　筆者は「生活資本」を生活を実現する包括的な条件や仕組みであると定義したが、整理すると「生活資本」は「生活を支える社会的資源」、「生活を実現する能力」、「生活環境を構築する力」の三面から構成され、これらが有機的に連携して生活が実現すると考えられる。**図1-1**に「生活資本」の人生と空間や社会との位置づけを模式的に示したが、それらは時々刻々変化するので常に調整を要する。

　第一の「生活を支える社会的資源」とは、「住宅」、医療（機関）、福祉機関、教育（機関）、労働（就労の場）、購買（商業施設）、文化・レクリエーション施設、公園・緑地、道路・港湾・空港・鉄道などの交通施設、通信施設、電気・ガス・上下水道・廃棄物処理などの供給処理施設などの空間をはじめとした生活を支える社会的資源を言う。「生活を支える社会的資源」がなければ所属している社会の提供できる生活を実現出来ない。

　第二の「生活を実現する能力」は、お金などの「資金」を含み、生活を実現するために「人やモノを使いこなす当事者の能力」や自分ではできない事を

他人や社会の「生活を実現する能力」を活用して実現する人的な「つながりやネットワーク」などを言う。「生活を支える社会的資源」が無ければ生活は実現しないが、「生活を支える社会的資源」があればただちに生活が実現されるという意味ではない。「生活を支える社会的資源」を使いこなす、「生活を実現する能力」や「仕組み」が必要である。例えば以下のように自分に能力がなくとも、友人・知人、診療所などの医者が、生活の実現を手助けしてくれる状況も意味する。

　「自分のことを気遣ってくれる隣人、顔見知りの店が、高齢者の相談相手や見守りになっていることもあります。長年通った診療所には、自分の体のことを誰よりも理解している医者がいます。高齢者には、困ったときや体調不良のときに相談できる相手が歩いている範囲にいることが、暮らしの支えになっています。見慣れた風景が生活の安心感になっています」（市川 2012: 29、早川談）。

　第三の「生活環境を構築する力」とは、「まちづくりや社会変革」を意味する。当事者の適切な生活の実現には、「生活を支える社会的資源」を使いこなせるように当事者の生活能力に合わせた空間を生み出したり修復したり、社会の制度を変更したりすることが必要である。しかしながらそれらは社会としての対応が必要で、多様な人々や団体と協働することや当事者の意見を吸い上げる社会の制度や社会の認識や考え方を変えることが必要だったりする。身体能力をはじめ多くの能力は、時々刻々と変化するので、常に空間や制度を当事者に相応しい状態に調整する必要がある。また児童・生徒・学生、就業、転勤、結婚、出産、育児などライフステージによって必要な社会的機能が変わるため、当事者から発せられる情報を踏まえて生活環境を調整できる仕組み、つまり当事者を中心としたまちづくりの仕組み、計画や制度への参画、いわゆる居住民主主義の実現が必要である。

2.　周辺概念の検討

　「生活資本」の理解を深めるために他の類似の概念を確認したい。まず「生

活資本」の「資本」とは何を意味するのか、その概念を確認しよう。

　一般に「資本の概念」は立場や観点の相違を反映して、経済学説上で意見が分かれると言われている。例えば『岩波小辞典　経済学』では大きく二つの意見を紹介している（都留編 2002: 177-178）。「資本は土地および労働力とともに生産の三要素の一つと考えられ、生産に使用されることによってその所有者に一定の収益である利子をもたらす」という見方が一つである。「資本が姿態を変えながら価値増殖を行う価値の運動体ある」と規定する他の見方も紹介している。「ここでは貨幣資本が生産資本としての労働力と生産手段を購入し、商品（商品資本）を生み出す。その結果、剰余価値を生み出す」、とされる。これらに倣えば、「生活資本」は「生活」を生み出す、あるいは実現させるものと規定できるであろう。

　ところで早川は『空間価値論』（早川 1973）で「空間」と「生活」の関係を追及し、空間の価値を明らかにし、それを利用する手がかりを検討しようとした（同前 : 3-4）。つまり、マルクスが資本は姿を変えて価値増殖を行う価値の運動体であることを明らかにしたことを、早川は空間を対象に生活の価値創出の仕組みを明らかにしようとした（同前 : 5-6）のである。早川はその後、『居住福祉』、『居住福祉資源発見の旅』、『居住福祉資源発見の旅Ⅱ』、『「居住福祉資源」の思想』を通して、空間や人々の活動が居住を支えることを提示した。一方、「生活資本」は空間や人々の活動のみならず、生活を支える社会的な機能をもその概念の範疇に含み、「居住福祉資源」の考えを押し広げたものとなっている。

　先に挙げた「生活資本」の三側面に則して類似概念を確認しよう。

(1) 生活を支える社会的資源

　生活を支える社会的資源として、一般に「社会資本」が想起されるが、奥野信宏（1996）は社会資本を「民間企業の私的動機に任せておくと、資本ストックが社会的に望ましい水準に比べて不足したり、あるいは資本ストックによって生み出されるサービスの供給が不安定になったり、独占的供給の弊害が現れるなど、著しい不均衡が生じるもので、①一般道路や街路、消防・警察、

治山治水などのサービスを供給するための資本。②教育、保健・衛生、福祉などのサービスを供給するための資本。③電力、都市ガス、交通・運輸、通信、上下水道などの公益事業の資本。④大規模空港や大規模架橋などの資本」と定義している。つまり提供しなければ社会の機能や活動に不都合が生じる資本だと言っている。

　他方、宮本憲一は奥野より限定的な条件を設け、『社会資本論』で対象とする社会資本を主として「社会的一般労働手段と社会的共同消費手段」に限定し、社会的と言う意味を所有が社会化された所有形態としている（宮本 1976: 10）。そして社会的一般労働手段の具体的な例として用地、交通手段、複数の作業体によって共同で利用されている「産業用地などの自然的対象条件や産業用排水設備などの利用のための諸設備」、「鉄道、道路、港湾、飛行場およびそれらに付属する構築物、通信手段とその構築物」、「生産過程から発生する災害の防止設備であって、土地そのものあるいは土地に固着するもの」（同前: 14）を例示している。また社会の再生産として共同消費を位置づけている点が注目される。共同の消費として「共同住宅、上下水道、公園、都市交通手段、普通教育設備、病院、などの利用」（同前: 31）を例示し、生産だけでなく、消費として市民生活にも着目している点が特徴である。

　社会的な資源が生活を支えられるように適切な管理運営を行うことを提唱したのが、宇沢弘文の「社会的共通資本」である。その定義は、「一つの国ないし特定の地域に住むすべての人々が、ゆたかな経済生活を営み、すぐれた文化を展開し、人間的に魅力ある社会を持続的、安定的に維持することを可能にするような社会的装置を意味する」（宇沢・茂木編 1994: ii）。その構成要素は、「自然環境、社会的インフラストラクチャー、制度資本の三つの大きな範疇にわけて考えることができ、大気、森林、河川、水、土壌などの自然環境、道路、交通機関、上下水道、電力・ガスなどの社会的インフラストラクチャー、そして教育、医療、司法、金融制度などの制度資本が社会的共通資本重要な構成要素である」（同前: ii）としている。そのもっとも重要な課題を、各個別的な社会的共通資本の管理・運営を、どのような組織が、どのような基準にもとづいて行ったらよいかという問題」（同前: i）としている。その特

徴は、適切な人間生活を営むための管理・運営に関心があったと言える。

　生活を支える社会的資源の立地を考えると都市計画が思い浮かぶ。都市計画の主要な課題として「平穏で豊かな日常生活を行うため、都市のどこにどのような施設や機能を配置し、それらをどう活用するか」が考えられてきた。都市生活には、住居、職場、商店、病院、学校、福祉施設、公園などが必要で、これらの諸施設を相互に結ぶ道路や公共交通、上下水道、電気などのライフラインも同時に不可欠な施設である（谷口 2014: 45）。人に相応しい生活を実現する社会資源の配置や提供を都市計画の主要な課題としている。

　「生活資源」という言葉が家政教育や生活経営の分野で使われているが、赤塚朋子（2010、2013）によると「よりよい生活の実現を目指して展開される、人間の諸活動」に有用な機能をもつ源泉、手段」や「生活を営むにあたり、すべての役立つもの」と定義している。要するに「生活の創造に欠かせないもの」としている。その構成は「人間関係資源」「経済関係資源」「生活管理関係資源」およびそれぞれを家庭内資源と家庭外資源に区分している。総務省が「ICT生活資源対策会議」報告書（2013年）でICTによる「天然資源の不足・枯渇」と「社会インフラの老朽化」への対応を提示しているが、「生活資源」には明確な定義が無く、ICT生活資源対策会議としてその範囲を限定的に使用しないとしている。生活のために欠かせない何ものかがあるのだが、それを明確に定義できていない現状である。

　以上のように生活を支える何らかの社会的資源が必要なことに合意ができていると思われるが、その関心の中心が社会、所有、立地、管理であったり、「生活資源」のように明確に定まっていなかったりする。それは生活そのものの変化と生活を支える社会的機能が、技術革新によってその領域が広がり特定することが困難であることとも関係しているであろう。

　とは言うものの「生活を支える社会的資源」が必要なことは、1961年のILO労働者住宅勧告や国際人権規約社会権規約においても指摘されているところである。

(2) 生活を実現する能力

　「生活を支える社会的資源」が存在しても、それだけでは生活の実現に繋がらない。社会的資源を活用して生活を実現しなければならないが、自らがその能力を持っているか、他の人の力を借りて実現しなければならない。生活のすべてを実現できる者は少なく、我々はお互いの持っている「生活を実現する能力」を提供し合って暮らしている。

　他者に生活の実現を助けてもらう方法として次のような事例がある。大月敏雄は (大月 2017: 168-179) は、「家族資源」(同居、隣居、近居)「地域資源」(地域居住者による「ゆるやかな」見守り、有志、民生委員)「制度資源」(シルバーハウジング、サービス付き高齢者向け住宅、老人保健施設、特別養護老人ホームなど) を利活用して暮らすことを「住みこなす」と表わしている。そして暮らすための資源の必要度合いを「「コミュニティ」必要曲線」と名付けている。当事者だけの力では暮らせない時、人々はコミュニティからの支援を利活用して暮らしていると言う。その資源の利活用の様子を「生活上の課題をいろいろな方法で解きながら、日々の生活を送っている」(同前: 138) とか、「町の中の空間や町に住む人びとの中に、ある種の資源を発見して、それを利用しながら自らの生活課題を解決していく体験」などと表現し、それらを「関係性の構築」だと解釈している。例として「東北あたりで近所の人びとが集まってお茶を飲んだりしゃべったりする「お茶っこ」」を挙げている。「ちょっと話聞いてくれる？」と話しかけて自分の持っていない情報を得たりストレスを解消したりする。「店舗の前に設置されたベンチに座って思い思いにしゃべる」と「お茶っこ」のような状態になるし、椅子をそれぞれで持ち寄るとより能動的な近隣の資源を活用する環境創造 (これは後述 (3)) になると言う。

　子どもや親を抱えると近隣の人々からの「ゆるやかな」見守りを無意識に期待して子どもや親を近隣の人々に紹介する。近隣との良い関係性は、「自らに合った医師」、「子どもをあやすのがうまい先生」、「強めの薬を処方するので早く治る先生」などのご近所ならではの情報をもたらしてくれる。

(3) 生活環境を構築する力

　「生活を支える社会的資源」に、「生活を実現する能力」が作用して生活が実現する。ところが、「生活を支える社会的資源」も「生活を実現する能力」もひと時も安定していない。特に居住者当人の身体機能や形態は常に変化している。生活の実現に社会的資源が適合したとしても、居住者の心身状態が変われば「生活を支える社会的資源」か、「生活を実現する能力」のどちらかか、あるいは両方を変えなければ、生活を実現できない。居住者当人の能力の向上は当人の努力で実現できそうであるが、「生活を支える社会的資源」を変えたり、他の人に提供してもらうことは他人との協働なくしては実現しない。そこで他の人や社会を巻き込んで生活のしやすい環境や仕組みを構築することが必要となる。事業の企画段階から関わる場合を「参画」と言うが、市民参加や市民を中心とした生活環境の形成などによく使用される。早川はこうした仕組みを「居住民主主義」と称した (早川 2014: 172-182)。

　前述の「住みこなし」は暮らすために様々な形で近隣の資源を利活用することだと理解される。資源の利活用に加えて、暮らしの実現には「椅子を運んで」環境を創造する発想や思考、教育や訓練を受けて個人の居住能力を高めたり情報を得たりすること、十分な経済的負担能力も必要である。

　堀田らは「住む力」を提唱している。「住む力」とは「居住に必要な空間・環境を基盤として社会的関係を構築していく力」である (堀田、近藤、阪東 2014: i) と言っている。それは、「人が住まいを拠点として生活を営むなかで育み、育まれてきた力」(同前: i) だと言う。「これまでどのように住まいとかかわってきたのかという個人的経験に規定され、その力の強さや発揮は社会的、経済的、文化的な環境に規定される」(同前: i) と言う。「住む力」を提起する背景として、市場メカニズムの浸透が伝統的な共同体を解体し、個に分解したからだ (同前: i) と言う。「住む力」は、ほぼ「生活環境を構築する力」と同義だ。

　「社会関係資本」は、パットナムが『孤独なボウリング』(2000= 邦訳 2006) を著して急激に広がった。「社会関係資本 (ソーシャル・キャピタル)」とは、人々が他人に対して抱く「信頼」、それに「情けは人の為ならず」「お互い様」「持

ちつ持たれつ」といった言葉に象徴される「互酬性の規範」、人や組織の間の「ネットワーク(絆)」を意味する。これらの社会的関係が集団としての協調性や、「ご近所の底力」を生み出す」(稲葉 2011: 1) とされている。欧州などでは社会的関係性の持つ地域社会の統治機能が注目されているが、一人ひとりの生活から捉える「生活資本を構築する力」とは逆の観点となる。

　生活環境を構築する力の代表例として、自ら命を守った村として著名な岩手県旧沢内村の医療改革と住宅改造がある。豪雪、貧困、多病・多死といわれた無医村の沢内村に病院を建設し、医療費の無料化を実現させ、生活の基盤である住宅や生活環境の整備を行なった結果、1962 年に全国初の乳幼児死亡ゼロを達成した (高橋 2018) 実績がある。

(4) 事　例

　事例を通して「生活資本」を考察し、その概念を理解したい。

①全ての生活資本を喪失したホームレス生活者

　ホームレスは「労働」、「住まい」、「住所」、「住民票」などの行政とのつながり、親族や知人などの人間関係などあらゆる「生活資本」を失った状態である。その状態は健康を害し、寿命を縮めることにつながるし、様々な人々から危害を加えられたり命を奪われたりすることにも繋がる。

　日本では公式のホームレスの定義は極めて狭く、「ホームレスの自立の支援等に関する特別措置法」(2002 年) 2 条に「都市公園、河川、道路、駅舎その他の施設を故なく起居の場とし、日常生活を営んでいる者」と定められている。その自立とは自らの就労によって収入を得、住居費をはじめ生活費を賄うという意味である。就労によって得た収入で生活に必要なものを手に入れて生活を実現する仕組みである。「生活資本」をある程度構築している者にとって、就労による収入で「生活資本」を修復することは可能であろうが、ホームレスのように「生活資本」をことごとく失ってしまうと、貨幣で補える部分は多くない。これまでの生活歴に依存するが、生活技術(調理、掃除、修理など)の修得や人間関係の構築、生活情報(住宅の賃貸契約、電気・ガス・水道

の契約方法、店舗の情報など）の活用方法などをお金と交換することは困難であるし、仮に出来たとしても多額の費用を要する。そうした「生活資本」の構築への配慮がホームレス自立支援施策には乏しい。その結果が、就労を得てホームレスから脱し、アパート居住に移行しても生活が継続できず、場合によってはホームレス生活に戻ってしまう例をたくさん生んでいる。「路上生活だとお互いに助け合えることがあったり、人間関係があったりして暮らしやすかった」ということになる。「生活資本」は生活の拠点である住宅を中心に構築されるが、そのためには住宅で暮らし始めてからの相当の時間と当事者から周辺の人々などへの働きかけが必要である。

　施設や居所を移動しながら居住能力を高めるホームレスの自立支援はヨーロッパなどを中心に「階段室型」と言われる。この考え方はホームレス当事者の生活能力の向上と支援量の低減が組み合わされ、支援期間中に一定の「生活資本」を当事者が構築することを前提としている。この考え方は誰もが一定の過程を経て同じように生活能力を向上させられることを前提としている。そのため前提どおりに能力を身に付けられないと、次の段階への移行ができない。そこで特定の能力を身に付けることが苦手なホームレス生活者は、いつまでも自立度の高い施設に移行できず、ホームレス状態から離脱できない。実はこの問題は少し考えてみれば気がつく。就学時代のことを考えてみると、誰しも得意科目があれば不得意科目もあったと思う。少しぐらいの不得意科目による不利益は得意科目で補うことが可能だった。ところがホームレス生活者を更生させて一般社会人の仲間入りさせるとなると、生活能力獲得の許容範囲が極端に狭くなり、ホームレスの自立を妨げる制度設計になってしまう。

　「階段室型」の転居を伴わない支援方法としてイギリスでは施設型の「フォイヤー」や非施設型の「ビッグイシュー」というプログラムが生まれている。「フォイヤー」はフランスで考案されたプログラムだと言う。フランス全土から仕事を求めてパリに集まった困窮した若者を助けるためのプログラムであった。このプログラムは若者のホームレス問題に困っていたイギリスでも役立つに違いないと考えられた。またイギリスに多いホステルがその施設と

して適していたこともその誘因であった。「フォイヤー」は、ホームレスの若者に居所を提供しつつ、職業や生活訓練を提供し、自立できるまで支援を続ける。ホームレス生活者が十分に生活資本を構築できる力を得ると、施設を出て初めて一般社会で生活し始める仕組みである。

　他方、「ビッグイシュー」は、施設などの特定の居所を提供せずに生活資本の構築能力を高めるプログラムである。「ビッグイシュー」は日本でもその名を知られるようになったが、ロンドン（イギリス）発祥のホームレス生活者を支援するプロジェクトである。イギリスのホームレス生活者は日本のホームレス生活者とは異なり、薬物依存症、アルコール依存症、精神障害者などの比率が高い。特にここで問題にされるのは薬物やアルコールの依存症である。現在の日本では一般の人々が路上生活者にお金を提供して助けることはほとんどないが、イギリスでは一般の人々がお金を提供してホームレス生活者を支援することが普通に行われている。しかしながら、ホームレス生活者が提供されたお金を生活の糧や自立のために使うのではなく、依存しているアルコールや薬物のために使ってしまう例が多い。せっかくの善意や支援がホームレス生活者の生活や自立に生かされないのは大いなる無駄である。そこでホームレス生活者への支援が無駄なく生かされるようにビッグイシュープロジェクトが企画された。自立したいと願うホームレス生活者を雑誌『ビッグイシュー』の販売員に雇用し、売り上げの一定割合を支給する仕組みである。ホームレス生活者には雑誌販売額の一定比率を手に入れる代わりに、路上で物乞いをしないと言うきまりがある。金銭の支給だけではホームレス生活者の自立が困難であることは容易に想像できる。自立に至る生活支援のために雑誌販売のノウハウの提供とともに定期的に自立生活のためのコンサルティングを行う。他方、ビッグイシュー財団は雑誌の編集と販売以外にホームレス生活者を支援する施策を持ち合わせていないので、各地の住宅協会や不動産業者と連携して空家を改修してホームレス生活者に提供したり、銀行と連携してホームレス生活者の銀行口座の開設を支援したり、大学と連携して雑誌の企画や執筆能力を身に付けさせる講座を運営したりする。ビッグイシュー財団は、雑誌『ビッグイシュー』の企画や、王室、資産

家、著名人からの寄付を受けることを通して社会一般の認識の仕組みを変えてホームレス生活者を生まない社会づくりを誘導しようとしている。「ビッグイシュー」のプロジェクトはホームレス生活者に単に住宅を提供するのではなく、生活するための能力を身に付けさせたり、ホームレス状態から脱却しやすくさせたり、ホームレス生活者が生まれないように社会を変えて、ホームレス生活者がそれぞれの「生活資本」の構築を容易にできるように助けようとしている。

　「階段室型」でないホームレス対策として欧米で当事者の自立支援策として大いに受け入れられているのが「ハウジング・ファースト」と呼ばれる、ニューヨーク生まれの支援策である。精神疾患を抱えたホームレス生活者を緊急事態を克服したからと中途半端な医療で社会に返し、しばらくして行き倒れ状態になった当事者を再び緊急医療で病院に受け入れる、その繰り返しを見た市民から税金の無駄づかいであるとの指摘に始まる支援策である。まずは、ホームレス生活者に安定した住居を提供し、居住を維持させながら様々な支援ニーズにチームで対応しようと言うプロジェクトである。ヨーロッパ各地で「ハウジング・ファースト」プロジェクトは受け入れられているが、その実態はアンデルセンが福祉国家を類型化したように様々である。しかし、そのゴールとして「地域社会でホームレス生活者を支える」と考えているようである。例えばアイルランドでは建物内や居住地内に居住するホームレス世帯を一定比率（1/8）以下に抑えるように居住地を計画するようにしている。

　「ハウジング・ファースト」事業は、「住居」に居住者への「生活支援」を組み合わせ、「生活資本」を当事者以外の外部のチームが構築し、最終的には当事者と地域社会の協働で「生活資本」を維持・修復して行こうとする事業である。

　以上のようにホームレス生活者の支援策は様々であるが、それらは当事者の状態に合わせて「生活資本」を再構築していく事業だと言うことが理解できる。

②住居探しからの生活資本づくり、見守り大家さんヘルプライン（電話相談）
　公益社団法人愛知共同住宅協会の「見守り大家さん」プロジェクトの「ヘル

プライン」は、当事者の「生活資本」構築を電話相談を通して支援する事業である。電話相談に訪れる多くの人々はそれまで住居を探さなければならなくなるとは思いもせず、日々を過ごしてきた。住居の探し方、契約方法、暮らしを支えるためのライフラインの契約方法や日常の買物方法に至るまでのノウハウを知らない。住居を探せないと、新たな暮らしを始められないが、新たな生活を始めるために考慮すべき項目はまさに「生活資本」を構築し、機能させるポイントである。

　一般に人生はライフステージと言われるいくつかの舞台を通り過ぎる。生まれてから学齢期に至るまでは、親の庇護の元に成長する。親が子どもの成長に相応しいと考え、選んだ住居や暮らしている場所の影響を受けて子どもは成長する。学齢期からは徐々に子どもだけの経験が多くなり親からの影響が少なくなる。就学を終えると多くの者は就労し、親の影響から遠ざかる。その後、結婚し、子どもを授かると、それに相応しい住居を探し、生活の拠点とする。しかしながら、安定した生活を送る中でも、災害、病気、怪我、失業、退職など思わぬ出来事で生活の安定を失う場合もある。また、加齢によって日常生活行為の自由が失われてしまう場合もある。いずれにしても生活を取り巻く状況の変化で「生活資本」の維持が思うに任せない状況が生じる。多くの場合は、世帯内や親族間の互助を通して解決するのだが、近年の高齢化の進展、世帯規模の縮小、人間関係の希薄化は、人々を容易に生活困窮に陥れる。

　ライフステージが変わることで必要な「生活資本」は大きく変化する。そこでライフステージに相応しい住居を見つけることが必要だが、多くの人はそのノウハウや知識を持ち合わせていない。かつては親や兄弟姉妹や近所の人々から住宅の探し方を教えてもらっていた。その代わりを「見守り大家さん」のヘルプラインが行っている。

　「新たな住宅セーフティネット」の議論の中で大家が借家人を受け入れやすくする「居住支援」が注目されているが、それは前述した居住を補完する世帯内や地域内での互助の代替を意味している。

(5) 機能不全に陥っている母子世帯の生活資本

　母子世帯は世帯内や地域内互助を失った世帯の典型である。母は、稼得と家政をひとりで担わなければならない。日常生活を受け入れるに相応しい規模の住宅、就労や生活に便利な住宅立地を選ぼうとすると経済的負担が大きくなる。性別や従業上の地位の違いを背景にした女性の給与水準は、男性と比較し極めて低水準のため、劣悪な住宅水準や不利な住宅立地に居住せざる得ない。さらに子どもの養育や教育への負担も担わざるを得ない場合が多く、日本の母子世帯は長時間就労しているにも関わらず世界的に最も貧困な生活水準に甘んじていると言われている。

　母子世帯の生活支援は、まさに機能不全に陥っている「生活資本」を補うことに他ならない。最近は新聞紙上でも母子や子育て世帯の問題が取り上げられるようになった。いずれの報道も収入や子育て問題の側面を伝えているが、暮らし全体を捉えてはいないので母子世帯の「生活資本」の構築を理解するのは容易ではない。

　例えば、「産前・産後ママ　力になるよ　名古屋市「SOS」窓口や家庭訪問拡充」（日本経済新聞 2014 年 3 月 4 日夕刊、13 頁）では、孤立しがちな母親の支援を取り上げている。社会の中で暮らしているというつながりづくりの支援を取り上げ、「生活資本」の「生活を支える社会的資源」や「生活を実現する能力」を強調した記事である。

　「日本創生会議は、出生率アップは年収がカギ、「夫婦で 500 万円」が必要であると試算している」（中日新聞 2014 年 5 月 9 日、2 頁）という記事は、「生活を実現する能力」である経済力を指摘している。

　「大胆な少子化対策へ舵を切れ。東京圏では、高い家賃や保育所不足などから、出生率が極めて低い」（読売新聞 2014 年 5 月 14 日社説、3 頁）という社説は、あまり指摘されない住宅を含む「生活を支える社会的資源」の重要性を指摘している。

　少子化対策として、給付金の額や受給資格が議論されているが、暮らしの基盤である住宅や生活を支える「生活資本」が無ければ、生活が成り立たないことを忘れてはならない。

(6) 地域拠点施設を備えた大曽根併存住宅

　今日の暮らしの重大な問題として人と人とのつながりの希薄化が指摘されている。計画的・意識的に人が集える場を創ろうとモーニングに代表される名古屋流の喫茶店文化を住民同士を結ぶツールとして注目する研究者もいる (松宮朝愛知県立大学准教授、中日新聞 2017 年 2 月 27 日夕刊、8 頁)。

　生協を中心に人口減少、超高齢化、少子、単身社会を迎える 2050 年への提言として地域コミュニティで平穏に暮らす「2050 年　超高齢社会のコミュニティ構想」がまとめられた。その提言の一つの柱が「集いの館」である (若林他 2015: 5)。「集いの館」は血縁ではなく地縁の結縁で生まれる「地縁」家族の「家」でありプラットホームである。元気な高齢者がチームを組んでお店を運営し、あらゆる暮らしの相談に応じ、日常生活上でサポートを必要とする高齢者、子育てファミリー、幼児、学童を支える。それが「集いの館」のビジネスモデルと組織モデルの核心である。

　実は、「集いの館」構想が名古屋で実現している。築 40 年以上 (1973 年竣工) が経過し、1/3 以上の空家を抱えていた愛知県住宅供給公社の大曽根併存住宅が空き家を分散型のサービス付き高齢者向け住宅 (以下、サ高住) に修復 (2017 年入居開始) し、一階に立地していたスーパーが撤退した跡の約 1000 ㎡に地域拠点施設 (2018 年開所) が立地した。分散型サ高住は東京都板橋区の「ゆいまーる高島平」(UR の団地を活用) が第一号だが、「ゆいまーる大曽根」はその規模を超える (計画戸数は 70 戸)。もともと 3DK (約 50 ㎡) の世帯向け住戸を 3 タイプの高齢者向けバリアフリーの 1LDK に改装した。誰もが暮らせる住戸空間が用意されたことで「生活資本」の基盤が整った。サ高住の見守り機能が思わぬ事故を防ぐ役割りを果たす。1 号棟の 1 階に「ゆいまーる大曽根」の事務所機能 (フロント) が設置された。早朝 6 時 25 分からテレビ放送を活用して体操をしている。朝の体操に参加する居住者は、そこで無事が確認される。体操に参加しない居住者は毎日、フロントの郵便受けに自室の木の札を届けることで、健康が確認される仕組みになっている。1000 ㎡の地域拠点施設は障害者を支援している NPO 法人「わっぱの会」が就労支援などを通して企画立案や運営を担当している。地域資源のリサイクル拠点になる「資

源カフェ」、レストラン、愛知県の物産や「わっぱの会」が創った焼きたての
パンなどの物販コーナー、居住支援法人が運営する何でも相談、最大100人
まで収容できる「そーねホール」などが地域拠点施設の構成機能として運営
されている。

　一般住戸の中にサ高住が混ざる分散型サ高住そのものが、居住者の孤立を
防ぐ意図があるが、地域拠点施設が団地居住者の生活を支える役割りと居住
者のつながりを強化する機能を持っている。レストランの一角に設けられた
小上がりは乳幼児から小学生低学年までの子どものかっこうの遊び場になっ
ている。その傍らでお母さんやお父さんが食事をしたり談笑したりしている。
大曽根住宅の居住者は高齢化し子どもの数は極端に減少しているが、地域
拠点施設のおかげで昼間人口は年齢構成の偏りが是正されている。2019年8
月までに3回開催された「キッズ・カフェ」というイベントも多世代の年齢
構成を出現させる大きな役割りを果たしている。子どもがレストランや資源
カフェでスタッフの役割りを体験し、その対価として地域通貨「そーね」を
獲得する。「そーねホール」で開催されている「そーね縁日」で地域通貨「そー
ね」を使って、たこ焼き、ソーセージ、的当て、スーパーボールつりなどを
楽しむ。子どものスタッフ当番に合わせて、お父さん、お母さん、場合によっ
てはおじいさん、おばあさんもやって来る。子どものスタッフ当番は30分
程度で順次交代するため、一日中人の流れが滞らない。

　「資源カフェ」は金属、びん、古紙、雑誌・書籍、古着などの資源を持ち
寄る資源リサイクルの拠点である。持ち寄った資源は、ポイントに換算され、
レストランで利用できる。資源を介し、住民を地域拠点施設に結びつけてい
る。開設後、一年半で半数の住民が資源カフェに登録しているという。

　「そーねホール」は三分割でき、催しに合わせて活用する広さを選ぶこと
ができる。各種楽器の演奏、合唱、ヨガなど住民の趣味の会、劇団の定期公
演、落語、講演会やシンポジウム、各種展示会やキッズ・カフェの準備まで
多種多様に利用されている。

　さらに名古屋市が「新たな住宅セーフティネット」を強化することを受け
て、「そーね大曽根」内に「何でも相談」と称して居住支援機能が設けられた。

　このように多くの活動や生活を支える資源が「そーね大曽根」に集積することで居住者が各々の「生活資本」を構築できる条件が整っている。今後、「そーね大曽根」の生活を支える資源の変化やそこでの活動を通した居住者の「生活資本」の構築に期待したい。

　全国各地の UR や公的団地の再生構想は、余裕を持った団地の容積率というツールを活用し、団地内に地域拠点施設を構築しようとするものであるが、「そーね大曽根」のように居住者の「生活資本」の構築に寄与することを期待したい。

(7)「生活資本」を創り続ける南医療生協の活動

　名古屋の南医療生協の設立は伊勢湾台風（1959 年）の被害からの復興をきっかけとしている。その活動の軌跡は災害で失った「生活資本」を施設づくりやまちづくりを通して構築する歴史である。

　南医療生協の活動は、伊勢湾台風の被害からの復興はもちろんであるが、特筆すべきは組合員それぞれを主人公にした地域拠点施設の創出である。それは 2000 年以降に組合員のみならず広く市民を巻き込んだ「○○人会議」に集約されている。最初の「百人会議」は 2003 年の名古屋市への老人保健施設の許可申請に始まる。缶詰工場の提供に端を発し、ショートステイ、デイサービス、文化交流施設、多世代共生住宅、グループホーム、小規模多機能ホームなどを有する「生協ゆうゆう村」の誕生へと結びついた。「百人会議」を通して生協のための施設を創るのではなく、一人ひとりの生活を支えるための施設を創る知見やノウハウが南医療生協全体に広がった。2010 年に南医療生協病院を新築したが、3 年以上にわたる「千人会議」、それを支える班会議を通して組合員の思いを結集させるノウハウは更に高まった。常に人が集まる南医療生協病院は朝の通勤・通学時間に誰もが病院を通り抜けられるように病院の一階の中央部分が通路になっている。一階、二階の低層階にはフィットネスクラブ、図書室、ツーリスト、有機農法レストラン、パン工房、集会室などが配置され、運営は医療生協だけでなく消費生協、大学生協が協同運営している。

　こうした地域拠点は 2003 年の第 40 回通常総代会で採用された「みんなちがってみんないい。ひとりひとりのいのち輝くまちづくり」という基本理念を体現している。この基本理念は「生活資本」をよく言い表している。「生活資本」は一人ひとりの暮らしを創出するが、一人ひとりの能力や実現したい暮らしは異なるから「生活資本」もそれぞれ違っている。そして一人ひとりの暮らしを支える病院、福祉施設などの地域拠点施設が創られることで、一人ひとりの「生活資本」が構築される。都市の再開発などで「「公益」を発揮するために、個人の私益は我慢して全体計画に従って欲しい」と言われるが、これはまったく論理が逆で「一人ひとりが幸せに暮らせるように街や都市を創る」のである。その点、南医療生協の基本理念は「一人ひとりのために街を創る」と言っている。一人ひとりの「生活資本」を構築し、生活の満足度が向上するように生協活動を誘導している。

　近年の南医療生協の活動は「おたがいさまシート」を生み出し、一人ひとりの「生活資本」の足りない部分を明示化し、その問題をみんなで共有して、一人ひとりの「生活資本」を再構築する街づくりに活動を広げている。

おわりに

　本章では「生活資本」という概念を用いて細分化、個別化して議論される居住問題を一つに融合して理解する観点を提起した。いくつかの事例を通して「生活資本」概念が居住問題の解釈や対策に有効だと理解していただいたと思うが、本章で触れられなかった論点や観点も多い。例えば、以下の論点は今後も検討しなければならない点だと考えられるので指摘しておきたい。

　第一に、主に経済的支援を必要とする人々の居住についてである。公営住宅の建設をめぐる論争や生活保護費引き下げ問題を考えると、公営住宅建設要求に対して国民全体の経済水準が上昇したから公営住宅の必要性が低下したとか、住宅扶助費を減少させても市場で賃貸住宅を獲得できるから問題ないという議論がある。公営住宅に関しては住宅需要量を住宅供給量とみなし、「真に住宅に困窮している世帯」に提供すべき、との議論がある。「真に住宅

に困窮」しているとは何か。公営住宅に居住できた世帯と居住できなかった世帯の住宅困窮度の違いをどう解釈するのか。何よりも居住に必要な「生活資本」について議論していないため、いずれの立場も居住困難であることを考慮していない。また、住宅扶助費の議論に住宅の質はほとんど考慮されないし、まして立地の違いによる暮らしの質の問題には触れていない。一人ひとりの「生活」から離れた議論では、全ての人の「生活」は実現できない。

　第二に、平均値や経済成長を基本とした政策判断についてだ。高度経済成長期の日本において、狭小（30 ㎡台）、5 階建てエレベータなし、浴槽なしの住宅が建てられてきた。当時の高齢化率は低く（5 ～ 6 %）、経済成長に合わせて全ての人の居住水準は上昇するものと考えられてきたから不十分な空間や設備をそれほど問題にしなかった。平均値としての所得水準や居住水準は上昇したが、居住水準を上昇させられなかった世帯のことを忘れてはならない。人生の途中でトラブルを抱え、想定通りの居住が実現できなかった人々がいる。加齢により退職し収入を失った、心身機能が低下し暮らしづらくなった世帯もいる。高齢化の進展（25 %を超える高齢化率）は、高度経済成長期前半に建設された住宅では安心して暮らせない世帯を増やした。こうした状況を招いたのは、一人ひとりの「生活資本」を構築するという観点が欠落していたためである。一人ひとりの生活を包括的にとらえる観点も必要である。

　最初にふれた多くの居住問題は、世帯規模の縮小や高齢化がその背景にあるが、その解決は従来の比較的規模の大きな世帯では非公式な互助によって補完してきた「生活資本」を社会的に再構築することに他ならない。「生活資本」という概念を用いることで、生活を包括的にとらえ、問題解決に向かえる。

参考・引用文献

赤塚朋子「生活の社会化の進展と生活資源のコントロール」（一社）日本家政学会
　　生活経営学部会（編）『暮らしをつくりかえる生活経営力』朝倉書店、2010、
　　pp.50-58
赤塚朋子『基調講演』生命保険文化センター・（社）日本損害保険協会共催　夏季
　　セミナー「くらしとリスク管理」（https://www.jili.or.jp/kuraho/2013/kyoiku/
　　web07/web07.html 2019 年 6 月 7 日閲覧）

36

市川英恵『住むこと　生きること　追い出すこと　9人に聞く借上復興住宅』クリエイ
　　　ツかもがわ、2019

稲葉陽二『ソーシャル・キャピタル入門』中央公論新社、2011

井上英夫『住み続ける権利』新日本出版社、2012

宇沢弘文『社会的共通資本』岩波書店、2000

宇沢弘文、茂木愛一郎編『社会的共通資本　コモンズと都市』東京大学出版会、1994

大月敏雄『町を住みこなす』岩波書店、2017

岡本祥浩『居住福祉と生活資本の構築』ミネルヴァ書房、2007

岡本祥浩「イギリスにおけるホームレス問題とその支援事業」早川和男、吉田邦彦、
　　　岡本祥浩編『ホームレス・強制立退きと居住福祉』信山社、2007、pp.31-64

岡本祥浩「居住福祉のための都市環境」野口定久、外山義、武川正吾編『居住福祉学』
　　　有斐閣、2011、pp.158-177

岡本祥浩「南医療生協のおたがいさまのまちづくりと居住福祉」『居住福祉研究』25
　　　号、2018、pp.76-85

奥野信宏「都市、地域と社会資本」貝塚啓明ほか監修『日本経済事典』日本経済新聞
　　　社、1996、pp.1244-1245

小谷部育子『コレクティブハウジングで暮らそう』丸善、2004

公益財団法人生協総合研究所編『2050年　新しい地域社会を創る　「集いの館」構想
　　　と生協の役割』東信堂、2018

袖井孝子編著『「地方創生」へのまちづくり・ひとづくり』ミネルヴァ書房、2016

高橋典成「西和賀町の生命尊重行政六〇年」『福祉のひろば』2018年10月号、pp.14-
　　　19

谷口守『入門　都市計画　都市の機能とまちづくりの考え方』森北出版、2014

田端光美「生活圏域と地域施設」小川信子、真島俊一編著『講座生活学第6巻　生活
　　　空間論』光生館、1999、pp.219-247

都留重人編『岩波小辞典　経済学』岩波書店、2002

早川和男『空間価値論』勁草書房、1973

早川和男『居住福祉社会へ　「老い」から住まいを考える』岩波書店、2014

堀田祐三子、近藤民代、阪東美智子編『これからの住まいとまち』朝倉書店、2014

宮本憲一『社会資本論〔改訂版〕』有斐閣、1976

ロバート・D・パットナム著、柴内康文訳『孤独なボウリング　米国コミュニティ
　　　の崩壊と再生』柏書房、2006

若林靖永、樋口恵子編『2050年　超高齢社会のコミュニティ構想』岩波書店、2015

コラム　新型コロナウイルス対策が露わにした貧困な「生活資本」

　2020年に世界的大流行をはじめた「新型コロナウイルス感染症」の拡大防止策は、一人ひとりの「生活資本」の衰退を露わにした。

　「生活資本」は本文で述べたように「生活の基盤となる住宅」、「生活を支える社会的機能（職場、店舗、医療、福祉、公園、レクリェーション、文化、教育などの資源）」、「生活を支える機能や資源を使いこなす能力」「生活環境を構築する力」で構成されている。感染予防の社会的距離の確保とそれに伴う経済活動の低下が、社会的弱者から順に「生活資本」を衰退させた。

　「生活資本」の衰退は、「生活を支える機能や資源を使いこなす能力」（特に収入の喪失や低下）から露わになり、「生活を支える社会的機能や資源」、「生活の基盤となる住宅」へと広がった。まず日雇い労働者、パート、派遣労働者が仕事を失い、日々の生活に困窮した。イベントの企画や人が集まる催しなどが延期、中止されることでそれらに関わっている高度な技能を持つプランナーや芸能者や技能者も収入を失った。貯えの高が、その後の生活を左右した。貯蓄の無い者はその日から、貯蓄を持つ者はそれが尽きると住まいを失った。収入の減少は移動のための交通費の負担を困難にするし、社会的距離を保つために公共交通機関の利用そのものがはばかられた。徒歩圏内の「生活を支える機能や資源」や「生活の基盤となる住宅」を使いこなして暮らさなければならなくなった。よりよく暮らすために住宅や地域の資源を使いこなす知恵や技術を近隣や友人、知人と交換したいが、人が集まれない。人が多く集まって暮らしている都市でその困難さは際立った。金銭的に余裕のある者は宅配サービスなどで暮らしを補完した。近隣での散策は暮らしに変化をもたらしたり運動不足の解消に役立つが、近隣環境がその実現を左右した。

　収入と対をなすのが、「生活の基盤となる住宅」である。賃貸住宅居住は毎月の家賃が必要である。生活を支える住宅の維持が困難な人々が少なくなかった。低家賃住宅に転居した人もいた。持家居住でも住宅ローンを抱えているものはその支払いが負担となった。住宅ローンを払い終えた者は住居費の負担に変化はなかったが、マンション居住の場合は管理費や修繕費用の支払いが負担となった。そもそも住居を確保できていなかった者は、インターネットカフェやマンガ喫茶などの閉鎖によって居場所すら失った。

　社会的距離の維持はネット活用による在宅勤務という新たな機能を住宅に要求した。しかしながら在宅勤務を受け入れる余裕のある住宅は多くなく、家庭生活との間に軋轢を生んだ。学校の休校期間が伸び、その間リモート教育が実施されたが、それを受け入れられる住宅と受け入れられない住宅があった。住宅空間の貧しさはDVや家庭内感染をも招いた。

　新型コロナウイルス感染対策は、一人ひとりの暮らし方を通して貧困な「生活資本」を露わにしたのである。

第2章　東アジア大都市における居住貧困問題と居住福祉の実践

全 泓奎・松下茉那

はじめに

　今、世界は、2019年末に中国の武漢から始まり、世界をパンデミックに追いやった新型コロナウイルス（COVID-19）による感染症の影響下にある。世界の各所で都市封鎖が敷かれ、日本でも「緊急事態宣言」による人の移動の抑止策が施され、一時は感染症の発生率が下がるようにも見えたが、2020年7月以降、さらに増加の一途をたどっている[1]。またこれによる影響は、居住者の持つ固有の属性（人種やジェンダー）や階層、経済格差等によってその厳しさが不均等に配分されていることが、アメリカの事例を基にマスメディアでも報じられている[2]。こうした人種や階層間の分断による健康への影響に関しては、既にいくつか関連研究が実施されている。例えば、シカゴでは、コロナ禍による黒人死者の分析から、社会的なヴァルネラビリティと健康リスク要因が大いに関連していることを明らかにした研究論文も発表されている（Kim and Bostwick 2020）。もちろん同様の問題は、本章で対象としている東アジア大都市においても、別の形で現れていることが予想されるが、現在、具体的な調査はまだ実施に至っていない。そこで本章では、まず実態を把握し、課題を模索していくことを今後の課題として意識しつつ、まずは、東アジア大都市における居住貧困実態の現状を把握し、それにかかわる関連施策や居住福祉実践について示唆点を析出したい[3]。

　それに先立ち、本節では、「居住貧困」という概念が持つ多様な側面を社会的排除との関連で検討する。一方、東南アジアや南米、アフリカ等の地域

では、居住貧困の代表的な表象として、「スラム」が取り上げられることが多い。本章では、こういった居住貧困にかかわる諸状態の同定にかかわる概念の整理を踏まえたうえで、東アジア大都市の具体的な居住貧困の諸例とその解決に向けた実践を、「居住福祉実践」のモデルとして提示したい。

　まず、居住貧困 (housing poverty) という概念だが、「劣悪な住居 (poor housing)」と「不安定な居住状態 (insecure and/or inadequate housing)」を包括的に指す概念として定義する。前者は文字通り、住宅をはじめとする住環境が劣悪な状態を示す。これは、住宅の構造、設備、老朽度、採光、換気、周辺環境、過密度などを表す指標とも関連が深い[4]。

　一方、後者は、安定した住まいが無いか、その確保が難しい状態をいう。つまり、「恒常的な住まい」がない状態や、社会的関係を構築していくうえで拠点となる「空間」がない状態を含意する。簡易宿泊所（ドヤ）、飯場、病院や施設での生活、路上や公共施設での野宿、ネットカフェ等での寝泊まり、パチンコ店の社員寮のような仕事に結びついた住み込みなどが、この「不安定な居住状態」に当てはまる。安価な民間住宅が少なかったり、公営住宅の家賃など居住費の負担が生活にのしかかる状況下では、居住の安定を維持することが一層困難である。

　欧州連合 (EU) の公式的諮問機関である「ホームレス問題に取り組むヨーロッパ連盟 (the European Federation of National Organizations working with the Homeless, 以下、FEANTSA)」による「ホームレス状態」の定義は、この「居住貧困」の考え方に近い。FEANTSA は「ホームレス状態 (homelessness)」を、居所がない、公共空間で生活しているか夜間シェルターで滞在している野宿状態 (rooflessness=rough sleeping) と、廉価の宿所、女性のための施設、中間ハウジングやアセスメント施設、そして病院やケアセンター、刑務所、難民シェルター等のような、通常の居住生活が営なまれる「家」が無い状態 (houselessness) を包括するものとして定義している。これに、居住状態の不安定性（支援付き宿所、本人の選択によらない家族や知人宅での居候、DV を怖れながらの暮らし、法的安定性のない暮らし）、そして、住環境上の脆弱さ（小屋や仮設住宅での居住、キャンピングカーなどの移動型居住、国が定める最低居住水準未満の住居、もしくは過密居

表2-1　ホームレス状態の7つの理論的ドメイン

		概念カテゴリ	物的ドメイン	法的ドメイン	社会的ドメイン
Homelessness	1	野宿状態 (Rooflessnness)	住居無し	占有権無し	社会関係形成のための 私的なスペース無し
	2	家のない状態 (Houselessness)	居住に適した空間 有り	占有権無し	社会関係形成のための安 全で私的なスペース無し
Housing exclusion	3	不安定・不適切な住居	生活空間有(不安定 で不適切な住居環境)	占有の保障	社会関係形成のための スペース有り
	4	合法的な居住、不適切 な住居での社会的孤立	不適切な住居(劣 悪な居住環境)	合法・占有の 保障有り	社会関係を成し得る安全 で私的なスペース無し
	5	不適切住居(占有の安 定性)	不適切な住居(劣 悪な居住環境	合法・占有の 保障有り	社会関係形成のための スペース有り
	6	不安定住居(適切住居)	生活空間有り	占有の保障無 し	社会関係形成のための スペース有り
	7	安定的で適切な居住状 態での社会的孤立	生活空間有り	合法・占有の 保障有り	社会関係形成のための スペース無し

出所：Edgar et al. (2004:6)、全 (2015：151) より再引用

住状態など）を排除型居住（housing exclusion）として加えた、より広義の概念で定義（**表2-1**参照）している（Edgar et al 2000；Edgar et al 2004）。

　つまり、この定義を参考に居住貧困問題を考えると、居住貧困というのは、野宿状態や家のない状態に加え、様々な関係性による排除型居住状態を併せ持つ、非常に広義的な概念として捉えるべきということになる。これを再度、ホームレス状態、つまり居住と社会的排除との関係性に着目して図示したのが、**図2-1**である。これによると、ホームレス状態として代表される居住貧困とは、住宅領域に加え、法的領域や社会的領域のような三つの範疇との関連で、社会的排除状態に陥っている問題として捉えることができる。

1. スラムという居住地

　ところで、東南アジアをはじめ、南米やアフリカでは、「スラム」を居住貧困の象徴として捉えている。「スラム」とは、物理的な環境が劣悪な低所得層が生活する居住地を指す。近代的な土地制度における居住権を持たないままに公有地あるいは私有地に居住する無権利居住者（squatter）の居住地域も

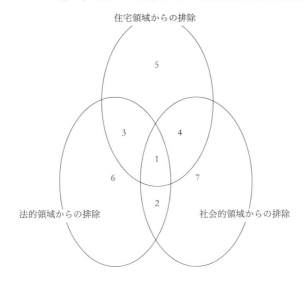

図 2-1　ホームレス状態と社会的排除との関係

出所：Edgar et al.（2004: 6）

スラムに含まれることがあるが、スラムとスクォッター地区を区別する場合
も多い。この場合、土地の保有条件の「無権利性」を最大の特徴とするスクォッ
ター地区に対し、土地の所有や借地・借家が法的に認められているか、地主
との一定の合意が成立している（にもかかわらず生活環境上の困難のある）居住
地をスラムという。とはいえ、スクォッターが貸家をしたり、スラム住民の
借地契約が口約束というような不安定な手段で結ばれているケースもあるの
で、両者を厳密に区別するのは難しいのが現状である（穂坂1994）。

　一方、国際連合専門家会議（ナイロビ、2002 年 10 月）による定義では「安全な
水や衛生などインフラへのアクセスの悪さ、住宅の質の貧しさ、過密、不安
定な居住条件、のような諸特徴をなんらかの程度に合わせもつ地区」とされ
ている（穂坂 2004 から再引用）。

　実際には、スラムの住民全てが貧困層というわけではない。とはいえ、ス
ラムには貧困層が多く、スラムは彼らの日常生活の場となっている。発展途
上国では都市貧困が拡大しており、「貧困の都市化」という言葉もよく聞か

れるようになった (UN-Habitat 2003：xxvi)。現在、貧困層の集中するスラムへの対策が切実に要求されている。しかし、スラムは物理的に劣悪な居住空間であるとともに、都市貧困層の日常生活が営まれる「生活空間」であることも忘れてはならない。スラムの再生に取り組む際には、物理的な環境の整備と並行して、地域住民の生活環境の改善が必要となる。

2. 各国の居住貧困をめぐる実態と取り組み

(1) 空き家を社会的資源として活用する日本

　日本では、被災者及び県外避難者、公営住宅や団地等に居住している高齢単身および夫婦世帯、障がい者、ホームレス経験者、矯正施設出所者、社会的入院患者、支援を必要とする若者など、様々な住宅弱者の存在が社会的問題として指摘されている。自然災害の被災者に対しては復興住宅や臨時の借り上げ住宅が提供されてはいるが、当事者のニーズが満たされているとは言い難い。まして、近年は期限に達した復興公営住宅からの退去が迫られることや被災した民間賃貸住宅からの立ち退きが迫られる事例も報告されている[5]。これらの住宅ニーズ層に対しては、「居住の権利」という観点に立ち、住宅という物理的な基盤に加え、社会関係および社会参加を支援する複合的な居住支援プログラムが用意される必要がある。

　それらに対する取り組みの例として欧米では、施設等に頼らず、「住宅の確保を優先する取り組み (Housing First)」や、「支援付き住宅 (Supportive Housing)」による複合的な居住支援という実践的な試みが見られている。一方、日本では、上記のような住宅ニーズ層に対して空き家を活用する取り組みが実践されつつある。2018 年の住宅土地統計調査によれば、日本全国の空き家率は 13.6% に達しているが、このうちストックの一定数は、修理や整備次第では居住が可能な空き家なのである。バブル期に建てられたまま放置されている社宅や学生寮、回転率が悪く営業休止状態のビジネスホテルなど、住宅弱者の貴重な資源となりうるストックが日本全国に存在している。1960 年代末に総住宅数が総世帯数を上回って以降、日本の住宅政策は次第に市場化

へと動き出した。購買力の弱い住宅弱者の住居問題はいっそう深刻さを増し、民間レベルで反貧困の観点に立った支援が始まった。これを受けて、空き家を住宅セーフティネットとして活用するための支援策の必要性が求められるようになった。2000 年頃になると、自治体、民間支援団体、不動産会社の連携の下、住宅市場で不利な高齢者、障がい者、外国人等に入居を受け入れるアパートなどの情報を提供する取り組みが進められた。国土交通省は 2006 年に「あんしん賃貸支援事業」を実施するなど全国的な施策を推進し、その後自治体を中心とした取り組みが拡大するなか、2017 年には「改正住宅セーフティネット法」が施行された。これ以降、受け空き家を福祉転用する民間のアイデアも全国各地に拡がっている。

(2) 見え隠れする韓国の居住貧困と新しく動き始めたソウル市による居住福祉実践

　以下では、韓国における居住貧困の実情について紹介したうえで、関連した対応について、とりわけソウル市を中心に展開している官民連携の特徴的な支援施策について述べる。

①チョッパン居住

　「チョッパン」とは、都心部に立地する日本の簡易宿泊所に近い機能を持った宿所である(**図 2–2 参照**)。居住者のほとんどは日雇いの仕事に就く単身男性が多く、仕事へのアクセスの良さ故に居住している場合がほとんどである。地域の形成過程に関する資料はほとんどなく、新聞記事や居住者へのインタビュー調査等を通じて確認できた内容は以下の通りである。

　まず、ソウルの都心部に立地するチョッパン地域の居住者からよく聞くのは、昔、「花街」として盛んであったという話である。その名残は今でも一部の地域(鍾路区敦義洞、永登浦区、龍山区東子洞)に残っている。花街の歴史は植民地期まで遡るが、当時「公娼」地帯であった地域が、解放後米軍政により閉鎖され、その後は闇の「私娼街」に形を変えた。しかしその後取締りが厳しくなるにつれ、次第に現在のような廉価の宿所として利用されるようになったと言われている。その他にも植民地期に鉄道線路補修班の労働者た

ちのための「労働者合宿所」が背景となっていると言われている地域（永登浦）もある（**図2-3**参照）。

　先述のようにチョッパンは居住者のほとんどが日雇業に就いている単身男性で、しかも高齢者と生活保護受給者の割合が高く、それに伴う社会サービスへのニーズが非常に高いなどの特徴が指摘されている。なお、居住者同士の社会的関係の希薄さによる、関係性の貧困問題も指摘されている。

　2006年に行った調査（全他 2008）では、ほとんどの調査対象者が単身世帯（91.7％）で、二人世帯の場合、高い居住費負担のため仲間と同居していることが多かった。世帯主の 87.8％（137 名）が男性で、女性世帯主は 12.2％（19 名）である。また世帯主の平均年齢は 53.2 歳（男性 51.9 歳／女性 62.6 歳）であった。世帯主の職業は、半分強（52.6％, 82 名）が無職で、その次が建設日雇い 25.6％（40 名）、公的就労 9.0％（14 名）の順であり、極めて不安定な就労状況にあることが分かった。なお、チョッパン入居直前の住居形態として、（敷金のない）月払いの民間賃貸住宅（17.6％）に次いで野宿（11.8％）が高い割合を占めており、

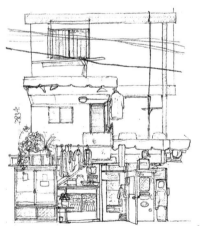

注：狭い部屋の中に家財道具　が全部入らず物が
建物の外部にあふれ出ている。　（出処：アジア
居住ネットワーク　－東京・韓国都市研究所 2000
年共同調査チーム提供 ）

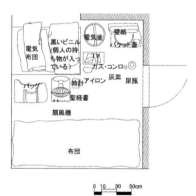

注：窓のない部屋の中に私物が散在する。布団・服は
ビニル袋に入れられ、小さな引き出しのタンスの上に
重層的に 積み上げられて いる。部屋の後ろが開放され
たまま隣室に繋がっており、それを隠すため引き出し
棚が置かれてある。（出処：アジア居住ネットワーク
東京・韓国都市研究所 2000年共同調査チーム提供 ）

図2-2　チョッパンの立面と平面図

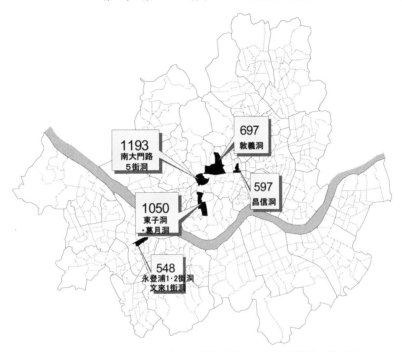

図 2-3 ソウル市内の未認可宿泊所（チョッパン）地域の分布図

注：数値はチョッパンの数（室）
出所：全（2005：138 より再引用）

チョッパン居住者と野宿との相関性が非常に高いことが推察できる。

　チョッパンの内部は、狭小な空間となっており、室内に荷物を収めることができず、一部の私物が室外にあふれ出ている様子がうかがえる（図 2-2 参照）。尿瓶が置かれ、夜間等に排尿も室内で済ませる様子が推察されるなど、環境や衛生面においても不健康な状態にあることが見て取れる。にもかかわらず、仕事への立地面のメリットや同質的な住民同士の交流への期待感等があいまって、住民の地域への愛着度は高い。

　②考試院（コシウォン）居住

　ソウル市内を歩いていると、よく目に飛び込んでくるのが、「考試院」、あるいは「PC バン」[6] という看板である。考試院は、1980 年代初め頃に現れた

比較的新しいタイプの施設である。もともとは受験生向けのレンタル学習室
として運営されていたが、90年代後半の経済危機を契機に居住空間として
転用されるようになった。当時、廉価な住居を求める人々の需要とマッチン
グし、次第に地下鉄駅の周辺や住宅街にまで広がっていった。旅館などの宿
泊業に分類される施設は商業地域にしか立地できないが、考試院の場合、「第
2種近隣生活施設」と規定されており許容範囲が広い。ここ数年間、頻繁に
起きた火災事件などが社会問題化されるまでは、特別な許可無しに届け出だ
けで簡単に営業ができる自由業種であった。そのため、非常口や安全設備を
備えていない場合も多かった。ほとんどの場合、トイレ、浴室、キッチンが
共同で、横幅80〜90㎝の狭い廊下を挟んで部屋が並んでおり、火災が発生
したら避難が困難な構造となっている場合が多い(鄭源午他2004)。

　考試院の居住者は、男性が92.3%で女性に比べ圧倒的に多く(鄭源午他
2004)、平均年齢は46.0歳とされており(韓国都市研究所2009)、他の居住困窮
層に比べると相対的に若いことが分かる。学歴は、中卒以下が36.7%で、現
在の職業は全体の61.5%が単純労働であり、これに無職やサービス業などの
不安定職種も含めると92.2%となった。月平均所得は88.1万ウォン(約88,790
円※2022年4月1日現在)と、一時期日本にも紹介され話題となった「80万ウォ
ン世代」[7]に当たるような人々の姿が浮かび上がる。また、働いても貧しさ
から抜け出せないワーキングプアの存在が、考試院生活者とオーバーラップ
して見えてくる。

(3) ソウル市による社会住宅の実験：住宅供給のオルタナティブを求めて

　先述した居住貧困の実態が明らかになるなか、近年、ソウル市をはじめ、
地方政府を中心とした若年世帯への政策的なてこ入れが加速化している。そ
んななか、住宅政策においてもソウル市が先陣を切る形で本格的な住宅供給
に乗り出した。とりわけソウル市では、これまで力を注いできた「社会的経済」
と呼ばれる民間とのパートナシップによる官民連携事業として、既存の公共
賃貸住宅の枠組みにとらわれない、「社会住宅」という新たな住宅供給モデ
ルを推し進めている。これは、公共用地の定期借地としての供給や、既存の

コラム　コロナ禍のなかでの韓国の社会的不利地域（チョッパン地域）居住者の生活と支援実践

　韓国で新型コロナウイルス感染症（以下、コロナ）の感染拡大がはじまった2020年2月、ソウルにある敦義洞（ドニドン）チョッパン（簡易宿泊所）地域は多大な影響を受けていた。

　チョッパンでは、トイレや洗面所、炊事場をすべて共同で利用し、人々が密集して生活している。かつ、住民の多くが、コロナに感染すると重症化しやすい基礎疾患がある人や高齢者である。そのため、この地域で感染者が発生すれば、感染者の十分な隔離が行なえず、感染拡大につながる危険性があり、重症化リスクの高さが懸念されていた。こうした事情により、長年この地で活動を行ってきた民間団体が運営している「無料給食所（炊き出し）」が閉鎖となり、官民問わずほかの様々な支援も中断することとなった。

　敦義洞チョッパン地域の住民で構成されている自治組織である「敦義洞住民協同会（以下、協同会）」も、感染拡大防止のため活動休止を余儀なくされた。それまで協同会では、毎日食堂形式による炊き出し活動を行ってきた。これは、チョッパン地域には、炊事場がない建物が多いため、十分な食事をとれない住民たちのために始まった活動であった。このように、食生活が不安定な住民の頼みの綱であった「無料給食所」の閉鎖と、協同会の炊き出し活動休止が相まって、住民の食生活は深刻な状態に陥っていた。

　協同会の炊き出し活動を休止して4日目、住民数名が協同会の事務所で「コロナも深刻だが、住民の食生活はもっと深刻だ。今こそ住民同士で支え合うべきではないか。」と話し合った。そして、この住民たちの声をきっかけに、食堂形式から屋外でお弁当を配布する方式に変更し、感染予防対策を行いながら炊き出し活動を再開するに至った。活動再開までに協同会では、感染予防対策に関する話し合いを何度も行い、さらに、ソウル市庁を直接訪問し、炊き出し活動への助言も求めた。このような過程を経て再開した炊き出し活動は、チョッパン地域住民のみならず、同じく大変な状況に置かれている路上生活者も対象に実施された。こうした実践は、協同会の活動を通して、住民たちが自発的に協力し合い自身のことだけではなく周囲へも目を配り、相互に支え合おうとしている証でもある。そして、協同会の活動が、住民たちの連帯と協同の努力によって支えられていることが分かる事例である。

　一方で春から夏へ季節が変わるとともに、チョッパン地域では、熱中症が新たな課題として問題視されていた。チョッパン地域には、冷房設備が整っていない建物が多く、猛暑日になると部屋の温度が36度を超えることがある。そのため例年、地域内の行政機関であるチョッパン相談所が熱中症対策として、冷房がついた部屋を24時間住民に開放していた。

　しかし、2020年2月以降、ソウル市は感染拡大防止のため、この部屋に対し

て利用制限を設けたのである。それにより、住民たちは、暑さを凌ぐため公園や日陰を求めて歩き回ることになり、熱中症の危険がより高まることが懸念された。その後ソウル市は、地域内の公園や道に日よけパラソルを設置する取組みを始めたが、利用者はごくわずかであった。

　つまり、チョッパンという住まいは、住民たちを暑さから守る機能を果たせず、逆に住民たちは暑さから身を守るため外に出ることを強いられチョッパン相談所を利用していた。それが、コロナ禍になり住民たちは、その安全な場所さえも失いつつあったのである。

　コロナ禍によって住民たちの脆弱性がより一層露呈するなかで、協同会と行政の取組みの事例は、住民のニーズを把握することの重要性を再認識させるものだったのではないだろうか。

非住宅[8]を改修した準住宅、そして空き家の活用による供給方式の多様化等を指すものである。

　ソウル市が、とりわけ若年世帯に政策的軸足を置いている理由は次の通りである。まず、若年失業率が改善しないなか、若年世帯の居住費負担が相対的に増加している点、都心住宅価格が高騰し、租税収入の中心となるべき新婚およびファミリー世帯が郊外へ流出している点等、若年世帯を取り巻く居住困窮が深刻化することによってもたらされる、非自発的な居住移動への対応が急がれているためである。

　例えば、ソウル市の若年世帯の月所得対比家賃比率(RIR、Rent-to-Income Ratio)を見ると、30％以上が69.9％、50％以上が22.7％など、30％以上の居住困窮層が7割に達している（2015年ソウル市内部資料）[9]。2005年から2013年までのソウル市の人口移動は以下の**表2-2**の通りである。表2-2をみると、とりわけ30代の移動率が高く、結婚や出産など、家族形成期に当たる世代の住

表2-2　ソウル市の人口移動（単位：人）

区分	2005 年	2010 年	2013 年
ソウル市全体純移動（転入―転出）	-51,007	-115,023	-100,550
30 歳代（30 ～ 39）純移動	-30,595	-48,257	-42,023
全体対比 30 歳代の比率	60％	42％	42％

出所：ソウル市住宅政策局内部資料。

宅確保の困難が推測される。

　その他、ソウル市の賃貸住宅の家賃の上昇も深刻な問題となっており、2013 年から 2015 年までの 2 年間に傳貰[10]（ジョンセ）が 12％上昇した他、月貰[11]（ウォルセ）への移行が加速化し、市民にとって居住費の負担が重くのし掛かっていることが分かる[12]。これらにより、特にしわ寄せを受ける若年世帯の居住困窮問題が先鋭化している。なお、それらの問題への対応策として、公共賃貸住宅の供給が挙げられるが、財源不足などの問題を抱えており、たとえば住宅供給の実施主体である SH 公社の賃貸事業では、毎年 2 千億ウォン（約 175 億円）以上の赤字が推算されている。

　以上の背景を踏まえ、ソウル市は、官民連携により、居住安定性を向上させた「社会住宅」を、市民の居住安定の向上に向けたオルタナティブとして進めているのである。

　このような社会住宅施策が成立するまでの推移をみると、まず、関連した法律として、2007 年に「社会的企業育成法」が制定（2012 年 8 月改正）された。これによって全国各地に社会的企業が公式的に活動を開始した。その後、「協同組合基本法」の制定（2014 年 1 月）が加わり、いわゆる社会的経済の活動が本格化した。このような動きを受け、ソウル市では、「ソウル特別市協同組合活性化支援条例」という関連条例を制定（2014 年 5 月）した。その後、社会問題化している若年層の居住問題への解決に関連した研究委託（2014 年 8 月）を行い、その結果を受けて市議会による「社会住宅支援条例制定に向けた市民公聴会」を実施した（2014 年 11 月 7 日）。そのような流れのなかで他の自治体に先駆けて、「社会住宅活性化支援条例」（**表 2-3** 参照）の施行に至ったのである（2015 年 1 月 2 日）。

　同条例による社会住宅には三つのタイプに区分することができる（**表 2-4** 参照）。

　2015 年の条例施行後、上記のような社会住宅のモデル事業が民間の社会的経済関連団体との共同で実施されてきた。先述した居住困窮層向けの狭小な宿所として使われていた考試院を「リモデリング型社会住宅」として活用する事業も本格的に実施するなど、既存の資源を活かした居住福祉施策も加

表2-3　ソウル特別市社会住宅活性化支援等に関する条例の主要骨子

定義
・社会経済的弱者を対象に居住関連社会的経済機関によって供給する賃貸住宅（第2条）

供給対象
・社会的弱者（世帯月平均所得60％以下等） ・居住弱者（障がい者、高齢者等） ・ソウル市長が定める基準に当てはまる若年単身世帯

供給主体
・居住関連事業を実施している非営利法人、公益法人、協同組合、社会的企業等

支援内容
・建設／建て替え／リモデリング費用、賃貸保証金、管理費用等の資金融資又は補助 ・社会住宅建設宅地の提供 ・居住者に対する居住費の貸付又は補助、社会住宅管理・委託 ・資金・人材・現物出資等

社会的経済機関の支援、社会住宅活性化のための総合支援センターの設置
〈総合支援センターの機能〉 ・供給対象の居住実態調査、居住改善のための住宅在庫・宅地等の資源調査及び管理 ・供給主体の現況調査及び発見・育成 ・供給主体支援事業計画の作成・実行・評価支援 ・供給対象及び供給主体間のネットワーク構築事業等

　速化しつつある。この他、2016年に、中間支援組織である「社会住宅総合支援センター」を市内に4か所設置・運営することを通じて、官民協力ネットワークを構築し、事業主体に対する支援を強化した。同センターの活動内容としては、関連機関との定期懇談会の開催（23回）をはじめ、専門的な教育プログラムの実施（13回325名参加）や、建築・会計等にかかわるコンサルティング支援を実施した（7事業者に対し17回実施）。

　最後に、本事業の課題をいくつか取り上げてみよう。まず、多様な住宅弱者層（高齢者・障がい者・一人親世帯等）のニーズに対し、政策対象が若年世帯に偏っていることに対する不公平性の問題（真の住宅困窮層のニーズとのマッチング問題）や、ソウル市内の土地価格の高騰による、居住費負担増の問題（麻浦区ソンサン路「共にソンサンの森」の場合、保証金が1億ウォン以上で家賃が月25万ウォンと高い）、そして、普段は住宅用として目されていない考試院等のような「多重利用施設」の準住宅化による居住の質の確保の問題、最後に、定期借地住宅の居住権保障の問題を指摘することができる。これらの問題は、今後も施策を実施していくなかで解決すべき課題として対応が必要に思われる。

表 2-4　ソウル市における社会住宅の類型別事業概要

区分	定期借地型社会住宅	リモデリング型社会住宅	空家プロジェクト
供給方式	新築又はリモデリング	非住宅リモデリング	空家リモデリング
対象物件	「多家口・多世帯住宅(小型集合住宅)」、都市型生活住宅等	考試院、ホテル、旅館等非住居施設(15 年以上)	6 ヶ月以上放置された空家
事業主体	社会的経済主体(中小企業含む)		
支援内容	事業主体が土地(100 坪、16 億ウォン前後)を買上げた後に低利で長期賃貸(30 ～ 40 年)	リモデリング費の補助(最大 1.5 ～ 2 億ウォン)	リモデリング費補助(最大 20 ～ 40 百万ウォン)
供給住宅	「多家口・多世帯住宅」、都市型生活住宅	シェアハウス	シェアハウス
供給対象	都市勤労者月平均所得が平均の 70 ％以下(1 人)、100 ％以下(2 人以上)、(青年及び新婚世帯)	単身世帯で都市勤労者月平均所得が平均の 70 ％以下(青年)	単身世帯都市勤労者月平均所得が平均の 70 ％以下(青年)
世帯毎の居住条件	最長 10 年、市場相場の80 ％以下	最長 6 年、市場相場の80 ％以下	最長 6 年、市場相場の80 ％以下
供給主体	6 団体(社会的企業 4、協同組合 1、中小企業 1)	2 団体(社会的企業 1、協同組合 1)	4 団体(社会的企業 1、協同組合 3)
供給実績	9 カ所 118 戸	3 棟 66 戸	35 棟 232 戸

出所：ソウル市住宅政策局内部資料。

(4) 居住貧困への取り組みに消極的な台湾の住宅政策

　台湾政府は、これまで社会的弱者の住宅問題を放置し続けてきた。「(貧困層を対象とする) 平価住宅」、「賃貸用国民住宅」、「女性保護住宅」、「老人住宅」、「原住民住宅」など社会的弱者のための住宅は、蔡英文政権により本格的に社会住宅の供給に乗り出すまで、全国の総住宅戸数のわずか 0.08 ％に過ぎなかった。例えば、台北市の所得に対する住宅価額の割合(PIR) は 2009 年の 9.06 ％から 2010 年に 11.5 へ％と跳ね上がり、住宅費の負担は厳しさを増していた (黄 2016)。所得格差の拡大にも関わらず、低所得層の住宅問題に対する政府の関心は低いままであった。さらに、従来の公共賃貸住宅は主な入居資格対象者を 20-40 歳の若年層としていたため、多くの障がい者、単身高

齢者、ホームレスなど居住貧困層が施策対象から排除される結果が生まれた。

　一方、「平価住宅」は、台北市が貧困世帯向けに供給している住宅であり、政府が所有権をもつ公共賃貸住宅である。2018年現在約1,500戸のストックがある。「平価住宅」は、住宅の質が低い点、貧困層が集中している点、住宅管理がずさんなために住環境が悪化している点、入居者が貧困の悪循環に陥っている点など、問題が多い。

　次に、「賃貸用国民住宅」は、政府が提供する公共賃貸住宅であり、主に台北市に集中している。約3,800戸のストックがあるが、住宅管理が良好だとは言い難い。

　ほかにも、撤去にともなう代替住宅（「整建住宅」）がある。公共事業のために立ち退きを余儀なくされた人々に台北市が提供した住宅であり、居住者が住宅の所有権を持つ。ストックは約1万戸ほどだが、居室面積が狭く、住環境が劣悪であり、現在は建て替えの課題に直面している。

　入居資格者が特徴的なのは「原住民住宅」である（**写真2-1**参照）。これは、

写真2-1　新北市内の原住民住宅の外観

正門には原住民部族のシンボルがデザインされている。
出所：筆者撮影

仕事を探すために都市に移り住んだ原住民向けの住宅であり、1991 年に制定された「原住民族基本法」に基づいて原住民の権利および福利向上を目的とした住宅として供給されている。しかし、数が絶対的に不足しており、原住民の生活文化との乖離による青少年問題および住宅損壊行為など、様々な問題が起きている。

　このような住宅は、主に台北都市圏（台北市、新北市）において小規模で供給されているに過ぎない。台湾の住宅政策はあくまでも賃貸料の補助が中心である。だが、賃貸料の補助も 1 戸当たり月 3,600 元（約 1 万 3 千円）と少額であり、補助対象世帯数も限られている。

　台湾の民間団体は、上記のような住宅問題に対する政府対応を促すため、2010 年に「社会住宅推進連盟」を結成した。この連盟は、少年権益連盟、老人福利連盟、エデン基金会、コミュニティ居住連盟、社会福利総連合会、リハビリの友連盟、専業者都市改革組織（OURs）、崔媽媽基金會などで構成されており、積極的なロビー活動、講演活動、および政策提言を行っている。

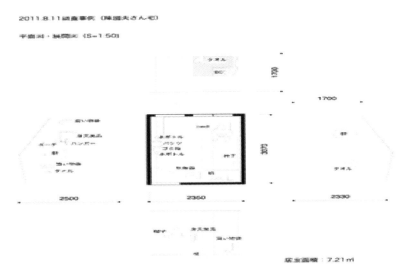

図 2-4　台湾の超小型民間賃貸住宅の形態（7.2 ㎡ 規模）

図面作成：黒木宏一新潟工業大学教員、2011 年大阪市立大学都市研究プラザ調査チームにて作成。

出所：筆者撮影

　同連盟は、社会的弱者の居住権と人権を守るため、住宅市場から排除された貧困層を救済する社会住宅の供給を今後の住宅政策の最優先課題とするよう政府に要求している。また、社会福祉サービスと経済的補助が連携する安定した住宅運営方式の実現に向けて、社会住宅関連法制の整備を要求しており、国レベルでの「住宅法」と自治体レベルでの「住宅自治条例」の早期制定を目標として活動を進めている。

　現在は公共賃貸住宅が不足しているため、低所得層の住民は**図 2-4** のような狭い民間賃貸住宅で暮らしている。このような賃貸住宅の家賃を左右するのはトイレおよびシャワー設備の有無である。

　一方、先述したように、蔡英文総統が政権を握るようになってから、公共住宅の整備に力を入れるようになっている。現在、台北市と新北市等の大都市圏で精力的な整備が進められている (コラム参照)。

(5) 香港に広がる狭小住宅問題と若いソーシャルワーカーによる居住福祉実践

　近年、香港では、安価な民間賃貸住宅における居住貧困問題が社会問題となってきた。香港はシンガポールに次ぐ大規模の公共賃貸住宅のストックを保有している。にもかかわらず、香港の居住貧困層の規模は 10 万名を超えるものと推測されている (コルナトウスキ 2012)。こうした居住貧困問題のしわ寄せを受けているのが、一人暮らしの高齢者、移民、そしてホームレスの人びとである。香港の場合、人口の約 50% が公共賃貸住宅に居住しているが、公共賃貸住宅への入居権を持たない「新移民 (New Arrivals)」や公共賃貸住宅への入居において優先順位が低い一人暮らしの人びとは住宅市場に翻弄されざるを得ない。香港の産業構造は、1980 年代以降、サービスおよび金融市場を中心としたものへ改編された。これに伴い、都市の市街地の再開発が加速し、安価な住宅の減少と賃貸料の上昇が進み、低所得層の住居問題が深刻化した。このような過程を経て、公共賃貸住宅が多いにもかかわらず、居住貧困率が高いという香港に特異な居住貧困の形態が現れた。

　代表的な形態としては、「屋上小屋 (Roof top Hut)」という住居類型がある (**写真 2-2** 参照)。その名の通り、建物の屋上に作られた住まいである。屋上小屋

コラム	蔡英文総統就任後の台北市の住宅政策

　2016 年 10 月に台北市都市発展局を訪問し、担当者から聞き取りをした蔡政権以降の台北市住宅政策の現状と今後の推進方向の特徴について紹介する。台北市の人口は約 270 万人で人口密度が高い東アジアの有数の都市の一つである。住宅ストックを見ると、持家（81.45％）、賃貸住宅（11.09％）、空き家（6.87％）であり、圧倒的に持ち家率が高いが、空き家の上昇も見逃すことができない。一方、高齢化率が 14.03％と上昇しており、今後は高齢化問題への対応が必要である。台北市の住宅市場の特徴は、一言でいうと高額の住宅価額である。賃貸住宅や公共住宅への需要も高いが、公共住宅の在庫は皆無に近い（0.68％）。所得対比住宅価額率を見ると、16.16 で、東京（13.13）やソウル（7.2）のそれよりはるかに高い。特に若者が住宅を購入することは至難の技と言われている。一方、賃貸住宅も 11.09％と低く、需要に対応できていない。また、空家率が高いのももう一つの特徴で、賃貸市場にかかわる制度の未成熟も指摘されている。社会住宅のストックが低い点については、一般市民の社会住宅に対するイメージが悪く、住宅供給が積極的に進められて来なかったことが背景にある。

　台北市の住宅政策の沿革は以下の通りである。1890 年に台北総合都市計画が立てられ、1932 年には台北市都市計画が成立した。その後、1962 年に「整建住宅」政策が実施され、立ち退き世帯向けの住宅が供給された。1975 年には「国民住宅」制度が成立し、それから 40 年間に 52,000 戸が供給された。2007 年に入り、国民住宅制度が廃止され、その後は「社会住宅」制度に切り替えられている。台北市の住宅政策は、所得ごとに対象を決めて実施されている。例えば、2016 年の平均所得は約 114 万元であるが、それを基準にして、基準以上は市場に任せるとし、平均基準以下 20 分位までは公共住宅、平均所得の 20 〜 10 分位は賃貸住宅、平均所得 10 分位以下の場合は、「平価住宅」という公営住宅をあてがっている。公共住宅は、公有地や民間土地を買い上げ、行政が住宅を整備して供給したものを指す。これまでは、前述の通り公共住宅の整備に消極的であったが、近年政策を転換し、2007 年からは 11 箇所で整備が始まり、1,100 戸を供給した。その後、2018 年までに 20,000 戸供給を目標に整備を進めてきた。公共住宅は、一般市民からはマイナスイメージが強かったのだが、今後はＭＲＴ等との接続などで交通の利便性の向上が見込まれ、また建物の内部に社会福祉施設等を設ける等、一般市民にも利用しやすくなるように整備を進めている。また、「スマート住宅」という、ICT を使って家庭内のエネルギー使用を自動的にコントロールする住宅を、6 箇所 6,000 世帯に供給することを目標として進めている。例えば、公共住宅に行政施設と福祉施設を隣接させ、さらにその隣に駅を直結させる形で整備を進める例もある。整備の方法としては、政府の財政投入による整備だけでなく、台北市内の空き家を活用した整備も進めている。その他、家賃支援の方法を用いて、

例えば大家を対象に 5,000 〜 7,000 元の家賃を支援する方法も考えている。そして、民間団体での「崔媽媽基金會」と連携し、空き家の大家とのやり取りを通して空き家の活用を図っている。これまでに住宅政策に関しては台北市都市発展局が担当してきたが、これからは専門機関として「住宅処」を発足させ、さらに公共住宅管理公社を設立し、委託する方向で考えている。公共住宅の管理公社は、住宅管理のみならず、高齢社会への対応のため、医療やケアサービスへの対応も考え、スマート住宅の整備や社会的企業との連携も視野に入れている。その整備予算として、2 万戸を対象に、1,343.31 億元を投入する予定である。これは台北市政府予算の 0.13 〜 1.7％を占める。建物の整備予算は 1,237 億元で、内訳は、台北市政府 (91.6 億)、中央政府補助 (8 億)、金融機関からの借り入れとなっている。現在の総統になってから 8 年間で 20 万戸の供給目標を立てているが、市民のイメージの向上、土地及び政府財源の確保が今後の課題となっている。

は、安価な住宅への需要増大と 1998 年までの家賃統制を背景に、所有主の収益確保の手段となってきた。建築法には違反しているが、事実上黙認されている。火災などの災害発生時に危険な住居 (例：階段が一つしかない建物) でない限り、取締りのリスクは低い。1 棟あたりの入居世帯は平均 3 〜 6 世帯ほどだが、30 世帯以上が居住している場合もある。入居者としては 3 人以上の世帯が多く、たいていは失業者、病人、高齢者、移民、公的扶助 (CCSA) 受給者の割合が圧倒的に高い。2006 年現在の住民は 3,962 名で、2001 年の 16,359 名から激減している。その理由は、1996 年と 1997 年とに 2 回発生した火災で多くの死者を出したことによる、行政のクリアランスが背景にあると言われている (Ernest 2008)。

　もう一つ、「間仕切りアパート (Subdivided Flats)」という類型がある。同アパートは、部屋をさらに間仕切りして極端に狭い空間で居住する形態である。これは、「キュビカル (Cubicle)」という、合板パネルを使って部屋を間仕切りしたもので、「木造間仕切り部屋 (Wooden Partitioned Room)」とも呼ばれる。また、「ベッドスペースアパート (Bedspace Apartment)」、通称、「ケージホーム (Cage Home)」と呼ばれるものがある。これは、体を横たえるのが精一杯の空間と、

写真 2-2　香港の屋上小屋

出所：筆者撮影

貴重品やプライバシーを守るために四方に鉄製の網で囲まれている形態が特徴的である。こうした宿所は、Mong Kok、Yau Ma Tei、Tai KoK Tsui、Sham Shui Po、To Kwa Wan、Kowloon など、低賃金の仕事が集まる港湾地域や工業地帯に近い都市地域に分布している。こうした地域の住民には日雇労働者をはじめとする低所得層が多く、他の地域より公的扶助 (CSSA) の受給率が高い。また、中国本土からの移民をはじめ、一人暮らしの高齢者や外国籍の住民が多数居住している。民間の安価な住宅ストックは多く分布しているが、そのほとんどは 1950-60 年代に建てられた建物であり、ストックの老朽化が激しい。周辺には、夜市、リサイクル業者、商店などがあり、低賃金労働者には親しみやすい生活空間を構成している。近年は中国からの資本流入を背景にこれらの地域を対象とした再開発が活発化しており、賃貸料が上昇している (コルナトウスキ 2012)。

　香港では政府の一貫した「不関与政策」のため、公共賃貸住宅の入居待

写真 2-3　ウェディング・カード・ストリート

出所：筆者撮影

機者は増加している。入居待機件数は、2007 年の 107,000 件から 2012 年の 210,400 件へと、わずか 5 年間でおよそ 2 倍に増えた。平均待機期間は 2.7 年と長く、3 年以上の待機者が 15,000 名ほどいる。2007 年以降の 5 年間の公共賃貸住宅建設戸数は 75,000 戸であり、年平均では 15,000 戸に過ぎない。2013 年の市政報告によれば、以後 5 年間の建設予定戸数も 75,000 戸とされている。住宅供給が低調ななか、居住貧困層は不適切な住まいでの超過密な生活を強いられているのである（Chick 2013）。これらに対し「香港社区組織（SOCO、Society for Community Organization、以下 SOCO）」は、とりわけホームレスの人々が多く居住する、Sham Shui Po 地域への支援活動として、内務部（Home Affairs Department, HAD）Sham Shui Po 事務所から 1.4 百万香港ドルの補助を得て、ホームレス問題に対応するため宿所の支援等を含むモデル事業を始めた。その成果を受け、2014 年からは「The Watchers Project」と称する本格的な支援事業に乗り出している（Angela 2015）。

　一方、先述したように香港は、最先端の都市再開発等による都市の高密利用で知られる。しかし、その実態の裏には、「保全」と「参加」に向けた地道な闘いが潜んでいる。通称ウェディング・カード・ストリートとして有名な

地区であった香港島に位置する利東街や、それに近い藍屋 (ブルーハウス) に
かかわる事例がそれである (**写真 2-3** 参照)。それらの闘いの主人公は、若い
ソーシャルワーカーたちである。彼ら・彼女らの実践を通して、開発を巡
る錯綜した関係性 (政治権力とデベロッパー、そしてそれに対応したコミュニティ
側の対応) のせめぎあいのなかで変容してきた香港の庶民の町のストーリー、
そして激しい格差であえぐ香港という都市空間のなかで、市民社会のアイデ
ンティティが如何に形成されてきたのかを垣間見ることができる。利東街
は、結婚式の招待状や祝議袋などを専門に扱う印刷業者や小売業者が集中す
る街路として知られた地区であった。しかし、その後政府系機関である「URA
(Urban Renewal Authority)」による都市再開発事業が実施された地域である。

　その実態は、全ての土地と建物の使用権および所有権を URA が購入し、
全住民を地区外に転居させ、既存の全ての建物を取り壊したうえで民間デベ
ロッパーと共同再開発をおこない、住宅及び商業用の 50 階建ての超高層ビ
ルを建てるというものであった。これに住民側は猛反発し、引き続き当該
地域で店舗を構えて営業しながら生活できるよう、URA 側に対して要望を
訴えかけた。しかし、URA はそれに取り合わず、計画は実行された。一方、
事業の公表を受けて利東街及び周辺住民と事業者たちは対応組織 (H15 再開発
事業コンサーングループ) を結成し、都市計画や建築、社会学等の専門家、大
学の研究者、ソーシャルワーカー、区議会議員なども加わり、市民による
提案型再開発計画の作成に着手した。期間中の活動資金は住民たちが負担
し、数多くの住民総会やワークショップ、そしてパブリック・コンサルテー
ションや展示会等を開き、香港史上初の、ボトムアップによる再開発計画案
を作り上げた。結果的に言えば、市民側の提案は受け入れてもらえず、URA
の計画のまま実施され、地域は取り壊されてしまった (福島 2009)。そのよう
な市民側の対応のなかで中心的な役割を担っていたのは、セント・ジェーム
ス・セツルメント (St. James Settlement、以下 SJS) の若きソーシャルワーカーで
あった。香港の現場を訪ねるたびに、こういったソーシャルワーカーを名乗
る若いスタッフに出会うことが決してまれではない。SJS のスタッフのみな
らず、先述した民間住宅を活用した困窮層への居住支援事業を実施している、

SOCO のスタッフもそうである。香港では、このようにソーシャルワーカーたちが都市問題に大きく関与してきた古い歴史を持っている。SOCO は、香港の社会団体としても規模が大きく、1971 年に設立され、アジアのコミュニティ組織化 (Community Organization, CO) 運動のネットワークである、「アジア住民組織委員会 (Asian Committee for People's Organization, ACPO)」にも所属していた (Denis 1990)。SJS は、湾仔 (ワンチャイ) に本部を構える社会福祉 NGO として活動しており、1949 年以来の活動の歴史を持つ。このようなソーシャルワーカーは、人口比で言うと、日本の 4 倍近くいるとされ、激しい格差社会を生きる香港で、社会的サービスを十分に受けられない、障がい者やホームレスの人びと、不法滞在者、移民、難民などの社会的弱者のための支えとなっている。若い人たちが、都市問題や社会問題に正面から真摯に取り組んでいる姿は、香港のみならず、東アジアの各都市でも見られる。

おわりに

　以上、本章ではアジアの大都市の居住貧困の実態とその解決に向けた実践的な試みの事例を考察した。そして社会経済的な実状を踏まえつつ、公共賃貸住宅のストックや居住貧困の類型における各国の相違点を確認した。その一方で、各国に共通しているのは、劣悪な住居と不安定な居住が組み合わさった状態で居住貧困問題が深刻化あるいは再生産されている点である。また、居住貧困問題に対する取り組みは民間支援団体が中心となって進められている点も共通点といえよう。

　日本は、民間の活動を主軸としつつも、行政がこれを補助または調整する働きかけを行っている。韓国は、他にも様々な事例があるものの、ここでは、居住貧困層が見え隠れしつつあるなか、官民のパートナシップによる取り組みが試みられている点が特徴といえよう。香港は、比較的公共賃貸住宅のストックが多い都市であるが、近年の住宅供給が低調で、中国からの投機資本流入に伴う都心の再開発により、都市貧困層の住宅事情は悪化している。これに対応して、若いソーシャルワーカーを中心とした民間支援団体が実態調

査およびロビー活動を通じた支援活動を展開しているところである。台湾も民間の活動が中心となっている代表例といえるが、近年は政権を切っての社会住宅の供給に乗り出しており、今後の推移に注目を要する。本章ではこれらの事例を概観するにとどまったが、アジアの大都市の居住貧困問題の実態やその解決に向かって居住福祉施策や実践を進めている事例について、より具体的に比較検討を行うことが、次の課題である。今後も調査や研究交流を深めながら、各都市の実態および取り組みについての知見を共有しつつ、アジアの都市における居住福祉政策の発展、民間活動の交流拡大に資する機会を探りたい。筆者の所属する大阪市立大学都市研究プラザは、東アジアの大都市を中心とする包摂都市ネットワーク（Inclusive City Network）の拠点の形成を進めており、2011 年より各都市の持ち回りで毎年国際ワークショップを開催している。回を重ねるごとに参加者が増えており、研究者をはじめ、地域の活動家、自治体の職員など参加者の幅も広がっている。また、新たな都市の参加も予定されている。このような理論と実践における各分野の学知と実践知の交流機会を拡大していくことを通じて、大都市に潜む最先端的な都市問題を解決する「包摂都市」モデルの方向性を検討するとともに、居住福祉実践モデルの共有と拡大にも資する機会としたい。

注

1　現在はワクチン接種の普及によって感染状況が落ち着いているように思われるが、本章の執筆時点（2020 年 8 月）ではコロナ禍収束の見通しが全く立っていなかった。

2　「コロナ死者数、人種・民族に差：NY 市長「不公平だ」」、朝日新聞、2020 年 4 月 9 日付。

3　一方、現状についてインタビューに応じてくれた韓国の不利地域の実態については、本章のコラムで簡略に紹介した。

4　イギリスでは、以下のカテゴリのうち一つあるいはそれ以上が欠如した住居を、「不適切住居（unfit housing）」として定義している。

表　不適切住居の定義

不適切性 (Unfit)	以下の項目中、一つあるいはそれ以上の問題を持つため居住に相応しいと思われない住居：荒廃、安定性問題、居住者の健康に有害な湿度、内部配置、電光・温度・換気、水供給、食品の準備と料理のための設備、衛生設備と汚染された水の処理
基本的設備の欠如	以下の項目中ひとつあるいはそれ以上の欠如した住居：キッチン・シンク、浴室の浴槽あるいはシャワー、洗面台、以上の用途のための冷・温水、室内トイレ
修理の不良	修理費用で 1,000 ポンド（1986 年の価額）以上の緊急修理を要すること。修理問題の定義は「イギリス住居状態調査（EHCS）1986」によって導かれており、その前まで使われてきた「深刻な荒廃（serious disrepair）」定義を代替した。
深刻な荒廃	7,000 ポンド（1981 年の価額）以上の作業が必要なこと。この定義は、「イギリス住居状態調査（EHCS）1981」で使われた。

出所：Ineichen, B.（1993：33）

5　「被災の賃貸住宅、退去迫られ苦悩する入居者　修繕拒む家主も　大阪北部地震 1 年」毎日新聞、2019 年 6 月 18 日付。

6　日本でいうネットカフェにあたる施設で、ワーキングプアや移住労働者が宿所として利用していることが報告されている。また多重利用業として分類されており、漫画喫茶やサウナもこれに含まれる。

7　若年世帯のワーキングプア状態を表す言葉として、社会的に大きな反響を与えた。2007 年にベストセラーとなった書籍名でもあり、日本でも 2009 年に日本語訳が明石書店より刊行されている。

8　公式的な名称は「多重利用施設」で、住宅として供用されていなかった考試院や「旅館」等を指す。

9　2017 年 2 月 13 日ソウル市住宅政策局へのヒアリング調査の際の配布資料より再引用。

10　不動産賃貸の一形態で、不動産の持ち主が賃貸料として傳貰金を受け取り一定期間相手に不動産を使用・収益させた後、不動産を返還する際に傳貰金を返す制度のことを言う。韓国の独特な賃貸借制度である。

11　家賃の支払い方法で、日貰（イルセ）は日払い、月貰（ウォルセ）は月払いを言う。ただし、月貰の場合は、保証金を払う場合と払わない場合の 2 種類に分けられる。

12　ソウル市の平均傳貰価格は、マンションが 3.26 億ウォン、小型集合住宅 1.47 億ウォン等他都市に比して 3 倍以上の高い値となっている。

参考・引用文献

Angela Lui, "Innovative approaches in working with sub-divided flat dwellers and homeless people in Hong Kong" in *East Asia Conference on Housing Welfare: Solving the Housing Problems of the Poor in East Asian Cities*, 2015, pp.489-496

Chick Kui Wai「香港の住宅問題にいかに臨むべきか」『第 3 回 東アジア包摂都市ネットワークの構築に向けた国際ワークショップ資料集』、2013、pp.24-25

Denis Murphy, "Community organization in Asia" in *Environment and Urbanization* (vol.2, no.1) , 1990, pp.51-60

Edgar, B., J. Doherty and A. Mina-Coull, *Support and Housing in Europe: Tackling social exclusion in the European Union*, Bristol: The Policy Press.,2000

Edgar, Meert and J Doherty, *Third Review of Statistics on Homelessness in Europe*, FEANTSA (European Federation of National Organisations Working with the Homeless) ., 2004

Ernest Chui, *Rooftop Housing in Hong Kong:An Introduction in Rufina Wu/Stefan Canham, Portraits from above: Hong Kong's Informal Rooftop Communities*, Peperoni Books., 2008

Ineichen, B., *Homes and Health: How housing and health interact*, London: E&FN SPON, 1993

Kim and Bostwick, 2020, Social Vulnerability and Racial Inequality in COVID-19 Deaths in Chicago, Health Education & Behavior, pp. 1-5.

United Nations Human Settlements Programme (UN-Habitat) , *The Challenge of Slums: Global Report on Human Settlements 2003*, 2003

コルナトウスキ・ヒェラルド「香港のインナーシティにおける民間低家賃住宅のマージナル化と住宅困窮問題」『居住福祉研究』(13)、東信堂、2012、62-80 頁

全泓奎『居住貧困層の社会的包摂と地域包括型対応に関する研究：韓国、ソウル市を中心として』(2004 年度東京大学博士学位請求論文)、2005

全泓奎他「韓国都市部の社会的不利地域における包摂的な地域再生と居住支援」『住宅総合研究財団研究論文集』(No.34)、2008、243-254 頁

全泓奎『包摂型社会：社会的排除アプローチとその実践』法律文化社、2015

福島綾子『香港の都市再開発と保全：市民によるアイデンティティとホームの再構築』九州大学出版会、2009

黄麗玲「台湾の住宅政策と住宅問題：台北市を中心として」(全泓奎編)『包摂都市を構想する：東アジアにおける実践』、法律文化社、2016

穂坂光彦『アジアの街 わたしの住まい』明石書店、1994

穂坂光彦「都市貧困と居住福祉」(絵所秀紀・穂坂光彦・野上裕生編著)『貧困と開発』、日本評論社、2004

(以下は、韓国語文献)
韓国都市研究所『非住宅居住民人権状況実態調査』、2009
鄭源午他『脆弱階層の都心生活実態と政策的含意：ソウル都心の考試院利用者を中心として』、聖公会大学社会福祉研究所・貧富格差・差別是正委員会、2004

第3章　社会的包摂と居住福祉
──地域コンフリクトの克服──

野村恭代

はしがき

　日本をはじめ世界中で「新型コロナウイルス（COVID-19）」という新しい脅威を前にし、人々の生活は一変した。あたりまえのことがあたりまえでなくなる、誰もがそのことを否応なしに実感することとなった。

　筆者の所属する大学では、これまであたりまえだと思っていた対面での授業を、あたりまえに開講することができなくなった。2020年の上半期は、担当するすべての科目において、オンラインでの授業を実施した。学生たちとはいつでも会えるものと思っていたが、画面越しでしか会えない日々が続いた。

　マスクが店頭から姿を消し、高値で売買される日が来るなんて、だれが予想していただろうか。一時期は、少しのマスクを大勢の客が取り合う姿が連日報道されていた。また、自粛を要請されている店舗に対し、「自粛警察」と呼ばれる市民が、嫌がらせや張り紙を貼るという行動も見られた。地下鉄の車内で咳をしようものなら、乗車している人々が一斉に咳をした人に冷たい視線を送る。「地域共生社会」の構築が求められ、そのための関連法案の改正も審議されようというなかで、人が人を見守るのではなく、監視する行為が横行したのである。

　このような状況は、社会的混乱が生じ、社会的危機の状態にあるとみることができる。新型コロナウイルスという未知の脅威の出現により、価値観の混乱が生じ、そのことによって人々がこれまであたりまえに行っていた社会統合への動機を見失い、社会秩序が崩壊しつつある状態だと考えられる。た

だ、このような社会的危機は、一方で新しい価値観と新しい生き方を生み出す機会にもなる。日本を含む世界中で、新しい生活様式が生み出され、それがこれからの主流になることもある。社会的混乱とそれに伴う社会的危機は、新しい社会秩序を生み出し、社会体制全体の変革のきっかけともなりうるのである。

　社会的混乱が生じると、そのことにより社会的摩擦が生じる。そのため、さまざまな場面でコンフリクトが発生する。しかし、混乱が生じているからこそ、お互いが協力し、誰かを批判したり、誰かに責任を押し付けたりするのではなく、ともに混乱状態を乗り越えるための方策を講じ、力を合わせることが大切なのである。そのことが、自分の命と生活を、そして大切な人の命と生活を守ることにつながる。そしてこのことは、平時の地域コンフリクトにおいても同様である。

　本章では、社会的包摂と居住福祉の観点から、障害者をめぐる地域コンフリクトを取り上げ、「地域コンフリクト」というかたちで表出する社会的排除の問題を考える。

1.　精神障害者への住民意識

　まず、精神障害者に対する住民意識に関して、以下、これまでに実施された調査結果を概観する。

　(1) 1971 (昭和46) 年に内閣官房広報室が実施した調査[1]

　　1.　精神障害者へのイメージ (図3-1)

　　　「恐ろしい」16％

　　　「気の毒、かわいそう」69％

　　2.　精神病に罹った人が治った場合、その人を社会人として信用できるか (図3-2)

　　　「信用できる」35％

　　　「信用できない」25％、

　　　「一概に言えない」33％

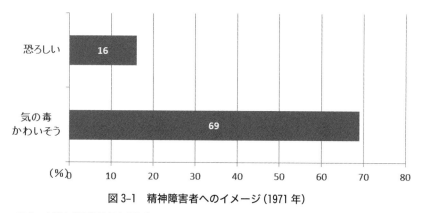

図 3-1　精神障害者へのイメージ (1971 年)

出典：内閣広報室世論調査報告書

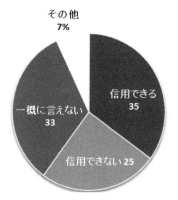

図 3-2　精神病に罹った人が治った場合、その人を社会人として信用できるか (1971 年)

出典：内閣広報室世論調査報告書

(2) 1983 (昭和 58) 年に宗像恒次らが東京都で実施した調査結果 [2]

 1. 精神病院の患者を厳しい実社会にさらすより、病院内で一生苦労なく過ごさせる方がよいと思うか

  「どちらとも言えない」が約半数

 2. 幻聴・妄想のある人でも、病院に入院しないで社会生活を送れる人も多い、と思うか

  「そう思う」ほぼ同数

「そう思わない」ほぼ同数

「どちらとも言えない」43%

(3) 1997 (平成 9) 年に全国精神障害者家族会連合会が実施した「精神病・精神障害者に関する国民意識と社会理解促進に関する調査研究」[3]

　1.　統合失調症について

　「少しでも知っている」59.6%

　2.　精神障害者 (精神病者) のイメージ (**図 3-3**)

　　「怖い」34.2%

　　「暗い」21.7%

　　「変わっている」36.6%

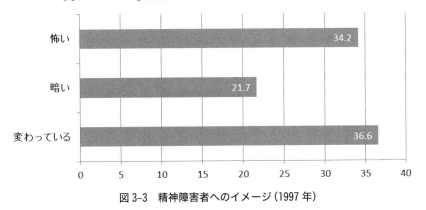

図 3-3　精神障害者へのイメージ (1997 年)

出典：全国精神障害者家族会連合会「精神病・精神障害者に関する国民意識と社会理解促進に関する研究」

　3.　最初に抱いた精神障害者 (精神病者) へのイメージがその後に変化したか

　「変わっていない」66.5%

　4.　精神障害に関するイメージ (**図 3-4**)

　「アパートを借りて生活するのは心配」55.2%

　「病状の悪い時以外は社会人として行動がとれる」38.2%

　「誰でも精神障害者になる可能性がある」51.7%

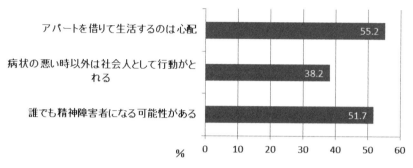

図 3-4　精神障害者へのイメージ (1997 年)

出典：全国精神障害者家族会連合会「精神病・精神障害者に関する国民意識と社会理解促進に関する研究」

5. 精神障害者がアパート生活を始めるためにはどのような条件がそろえばよいと思うか

「本人が定期的に病院へ受診する」53.8%

「障害者たちの通う作業所に通所したり、本人が社会復帰の努力をしている」41.7%

「本人の状態が悪くなったときの専門的な援助」49.1%

「本人との付き合いで困った時に大家や近隣が相談できる体制がある」41.1%

6. 精神障害者が必要な条件をそろえて隣に引っ越してきた場合、どのような近所付き合いをするか

「困っている時はできるだけ手を貸す」28.9%

「他の人と同じような近所付き合い」50.1%

7. 統合失調症の原因は何だと思うか

「神経質な性格」49.3%

「人間関係のつまずき」69.6%

「競争社会のゆがみ」33.9%

(4) 2001 (平成 13) 年に住民を対象に実施された谷岡らによる調査[4]

1. 精神病 (精神障害) を持つ人について「知っている」と回答した人の割合

「うつ病・そううつ病」77.8%

「統合失調症」60.8%

「神経症・ノイローゼ」70.3%

「アルコール依存症」76.8%

「それ以外の精神的な病気」29%

2.　精神障害者との出会いの経験について

　A.　精神障害をもつと思われる人を見かけたり、出会ったりしたことがあるか

　　「出会っている」65.5%

　B.　精神障害者のイメージについて（**図 3-5**）

　　「暗い」10.3%

　　「気が変わる」10.9%

　　「気をつかう」11.0%

　　「怖い」15.8%

　　「変わっている」19.9%

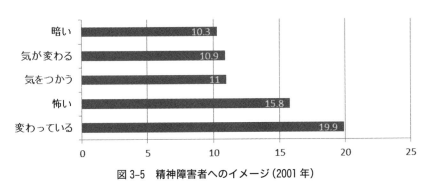

図 3-5　精神障害者へのイメージ（2001 年）

出典：住民らを対象にした谷岡らの調査

(5) 2002（平成 14）年群馬県北部の住民を対象とした調査[5]

　1.　心の病気を持つ人のことをどのように思うか（**図 3-6**）

　　「怖い・恐ろしいと思う」10.7%

　　「特に何も感じない」11.9%

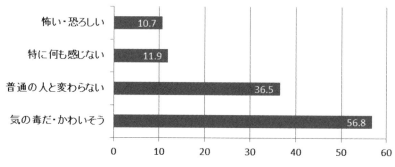

図3-6　心の病気を持つ人のことをどう思うか(2002年)

出典：群馬県北部の住民を対象の調査

　「普通の人と変わらないと思う」36.5%

　「気の毒だ・かわいそうだと思う」56.8%

2.　心の病気を持つ人であっても普通につきあえると思うか

　「そう思う」42.3%（家族群 56.6%、知人群 40.4%、未接触群 35.2%）

　「そう思わない」6.6%

　「わからない」51.1%

3.　心の病気を持つ人であっても普通に社会生活は営めると思うか（図3-7）

　「そう思う」35.6%

　「そう思わない」16.5%

　「わからない」47.9%

4.　家族に心の病気を持った人がいたとしたら隠すと思うか

　「そう思う」9.0%（精神障害のある人が近くにいる家族群 14.3%、知人群 4.4%、未接触群 8.0%）

　「そう思わない」34.7%

　「わからない」56.2%

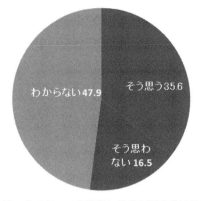

図3-7　心の病気を持つ人であっても普通に社会生活を営めると思うか（2002年）

出典：群馬県北部の住民を対象の調査

　以上、人々が精神障害者に対してどのような意識を抱いているのかについて概観した。精神障害者への意識を年齢で比較した場合、否定的な態度は特に年配者に多く、年配者の関心の無さと知識の不足が否定的な感情を増加させる要因となるものの、幼少期の否定的な態度は知識の不足とは関係ないということが明らかになっている。さらに、高年者になるほど精神障害者の地域での単身生活には消極的な傾向があり、「病院の中で管理して欲しい」と考える割合が60歳代では90％以上を占めていた。このような意識も、障害者や障害者施設への地域コンフリクト発生の理由のひとつとなっているものと想定される。

2.　住民意識と社会的排除

　第1節で取り上げた精神障害者に対する住民意識に関する調査からは、人々の抱く精神障害者に対するイメージは明確なものではなく、「よくわからない」対象として捉えていることがわかる。つまり、よくわからないことから生じる不安や不信感が社会的排除を引き起こす原因のひとつとなっていると考えられる。そのため、これまでの研究においても、精神障害者への「理解」が精神障害者施設に対するコンフリクトを解決する方法であるといった

見解が多くみられる。

　矢島らは、地域住民が精神障害者を受け入れるための体制を整備するには、住民の理解と協力を得ていく必要性があることを確認したうえで、住民一人ひとりが精神保健福祉に対する理解を深め、自らの態度を明確にできるよう、地域で問題提起していくことが必要である指摘している。(矢島他 2003)

　谷岡らは、精神障害者の触法行為などに関する報道のあり方を指摘する。(谷岡他 2007) 報道のあり方次第では、「精神障害者は怖い存在である」という社会的偏見を生む要因となるのである。

　障害者に対する地域住民の不安や抵抗感を取り除くためには、障害の原因となる疾患や障害とは何か、そして障害者の生活に関してまずは知ることから始める必要がある。さらに、人々の抱くスティグマを取り除くためには、障害を持つ人と日常的に交流する機会を作ることが必要であり、人々はこのような体験や経験を通して誤解や固定観念を払拭することができる。また、子どもらを対象とした障害に関する啓発活動を行うことも有効であり、低年齢の時期から障害者と実際に触れ合う機会を持ち、体験を通して真に学ぶことが大切である。

3. 社会的排除としての地域コンフリクト

(1) コンフリクトとはなにか

　コンフリクトとは、自分および自分以外のものとの対立、葛藤、摩擦、紛争などを表す言葉であり、これらすべての意味を含む概念であるため、本章では日本語に訳さず「コンフリクト」という言葉を用いる。

　コンフリクトは原則として二者間以上の間で生じ、両者の目標とする方向が異なっている状況で、両者がそれぞれの目標を追求しようとするときに生じるものである。ただ、実際にはコンフリクトは個人内の対立状態(葛藤状態)として起こる場合もある。たとえば、「今日の授業に出なければ、単位を取得するために必要な出席回数は足りなくなるが、寒いし、眠いし、布団から出たくない」「ダイエットをしているから甘いものは控えなければならない

が、どうしても目の前にあるケーキが食べたい」など、日常的に個人のなかで発生している葛藤などである。このように、コンフリクトは個人内のレベルから対人間で生じるもの、集団間で生じるもの（対立、紛争）まであり、ミクロからマクロまでさまざまなレベルで発生するものだと考えられている。また、これらの状態が生じているだけではコンフリクトは成立せず、それが当事者に知覚されていることも重要な要素となる。

　一般的に日本人は穏便にものごとを進めることを好しとする傾向が強いため、これまでコンフリクトは避けるべきものであるとみなす傾向にあった。しかし、欧米諸国では、コンフリクトは関係性や状況を前進させるよい機会であると捉えられてきた。フィッシャーら（Fisher, Ludin, Williams, Abdi & Smith 2000）は、コンフリクトの存在そのものを否定するのではなく、問題はコンフリクトが抑圧されたときに生じるのであって、コンフリクト自体は関係づくりのきっかけとなり、そのマネジメントの仕方によっては、人間の発達を促進する可能性があることを指摘している。R・リッカートと J・G・リッカート（1988）は、コンフリクトから見た社会システムのレベルを 4 段階に想定し、レベル 4 に近づくにつれ成熟した社会であるとしている。つまり、ある社会システムが構造や社会的相互作用において社会的に成熟するにつれ、コンフリクトが建設的に解決される確率は高くなると考えられているのである。そして、成熟した社会ではコンフリクトが合意形成に至った後も、友好的、協力的な関係のもとでさらなる努力がなされると述べている。

(2) 地域コンフリクト発生の背景

　障害者施設へのコンフリクトが発生する要因としては、障害者への差別、偏見を指摘するものが数多くみられる。地域コンフリクトの発生要因について、これまでどのような見方が示されてきたのかを以下に確認していく。

　小澤（2001）や田中（1990）は、施設へのコンフリクトを生み出す社会意識として、偏見とスティグマ、差別をあげている。偏見は学習されながら段階的に形成される特徴があり、特に精神障害者への偏見は、新聞や雑誌などのマスコミによる事件報道の影響が大きいとしている。そして、長期間に渡って

形成された障害者へのイメージは、障害に関する正確な知識を後に得たとしても、変化しにくいことを指摘している。また、施設建設に反対する地域住民は、精神障害者に「精神障害」という烙印を押し、「精神障害者集団」というカテゴリーのなかに押し込め、精神障害者を「さまざまな人生を経て精神疾患を患い、病を持ちながら人生を歩もうとしている個人」としてはみていないと述べている。

　大島 (1992) は、地域側が施設の受け入れを拒否する行為には、複数の要因があると述べている。まず、コンフリクトが発生した地域では、施設側と住民側の感情的対立と現実的な利害対立、さらにそれを修飾する住民側のステレオタイプ化された精神障害者に対する不安観や恐怖観がみられる。このようなステレオタイプ化された認識方法は、大島の調査によると、調査対象者全体の 20％前後の住民に認められ、このことは、精神障害者と住民の社会的距離の拡大に深く関連していると述べている。さらに、特に感情的なコンフリクトが施設側と住民側との間に存在している場合には、相手に対する憎悪の感情を「精神障害者は危険だから」という理論で合理化し、反対運動の根拠とすることがしばしばあり、問題解決を困難にしていることを指摘する。また、公有地への施設建設の場合には、その土地を直接的に住民の利益になるように利用したい、という住民側の思いがあり、事態はより一層困難なものになるとしている。

　新保 (2005) は、コンフリクトが生じる要因に精神に障害を持つ人に対する誤解や偏見が払拭しきれない事実が存在するとしている。また、施設整備に対する反対は理屈ではないところに難しさがあるため、その解決は困難になることを指摘している。

　以上、障害者施設へのコンフリクト発生の要因には、障害者に対する差別や偏見といった感情が背景にあることが定説となっていることがわかる。一方で、コンフリクトの発生要因は差別や偏見ではないとする主張もみられる。

　和田 (1992) は、施設へのコンフリクトの発生要因を偏見であると決めつけることは短絡的であることを指摘する。地域住民が精神障害者施設に対して抱く不安は、「多くの場合、単なる情報不足として (あるいは) 誤解から生じ

ている場合が多い」とし、「一般住民と精神障害者との間に利害の対立が生まれることはきわめて稀であり、精神障害者の言動に対して漠然とした不安を抱くことはあっても、それが偏見にまで発展することは多くはない」と述べ、住民の感情は偏見ではなく単なる「誤解」だとしている。

　古川 (1993) は、施設へのコンフリクトの要因は偏見や誤解といった住民意識や心的規制によるものではなく、それを規定している当該地域社会のもつ諸条件にあることを指摘している。そして、施設へのコンフリクトはただ回避し予防されるべきものではなく、新しい施設と地域との関係を形成していく機会であり、施設を地域のなかに取り込んだ新しい福祉コミュニティを形成していくための重要な契機のひとつとして位置づけるべきだと主張する。

　和田や古川は、施設へのコンフリクトは「住民が障害者を知らないことから生まれるもの」であって、地域社会のあり方が大きく影響しているとしている。他方、発生要因を「手続き上の問題」にあると指摘するものもみられる。

　小澤 (2001) は、施設へのコンフリクト発生時にみられる反対運動について、その地域全体が障害者施設に対して拒否的だというわけではなく、一部の頑強な反対者につきあい反対する住民層が多いことを指摘する。また、反対運動は多くの場合、障害者 (とくに精神障害者) への危険意識が根底にあるとし、それに加えて障害者施設を設置しようとする団体や設置を認可した行政への不信感も加わっていると主張する。さらに、地域住民の反対理由は多くの場合、あからさまな障害者への危険意識よりも住民の合意を取りつけなかった手続きの問題、事前の説明会が行われなかったことへの不信、行政の強引な施設建設計画に対する抗議へと移行していく状況がみられるとしている。

　つまり、その背景には潜在的な障害者への不安感があることも事実ではあるものの、必ずしもそれだけというわけではなく、現実はさらに複雑な背景が潜み施設へのコンフリクトは発生するのである。

　以上、施設へのコンフリクトが発生する要因としては、地域特性に問題があるとするものや施設建設の際の手続きにあるとするものなどがみられるが、その主たる要因は障害者への差別や偏見だとする論調が大勢を占めている。そして、この論調が「障害者施設でのコンフリクトを解消するためには、障

害者や施設への理解を求めることが重要である」といった主張の根拠となっているのである。

4. 地域コンフリクトの発生状況

　精神障害者施設に対するコンフリクトの発生状況については、1978年から1987年では32件、1989年から1998年までは83件であることが過去の調査により明らかにされている。本節では、2000年からの10年間のコンフリクト発生状況を把握することを目的に実施した全国調査の結果から、地域住民が精神障害者施設を地域から排除しようとする背景について考察を加える。

(1) 地域住民から施設・事業所への苦情等の内容

　本調査によると、施設・事業所開設に対し地域住民から反対運動などがあった割合は全体の約1割である。苦情の内容は「精神障害者への不安」(57.7%)が最も多く、その他には「建物や施設・事業所の活動に対する不満」「施設・事業所の運営に対する注文」「施設・事業所利用者の素行に対する苦情」「町内会と施設・事業所運営者との確執」が確認された。具体的な苦情の内容をいくつか以下に示す。

- 入居者が問題を起こすのではないか不安
- 危険なのではないか
- 精神障害者が町内を歩くことは認められない。送迎者で駅から施設まで移動することを求める
- 何をするのかわからない人が集まるのは不安。周辺を歩いていてもどの人が障害者かわからないのは困る。利用者を送迎して欲しい
- 学校の職員等より「何かあっては困る」
- 治安の乱れや店への営業妨害への不安がある
- 何かあったら、誰がどのように責任を取るのか

　上記からは、地域住民は精神障害者に対し根拠のない漠然とした不安感を抱いており、そのことが背景にあり排除を強める傾向にあることがわかる。

(2) 住まいに対し発生する地域コンフリクト

　上述した苦情や反対というかたちでの社会的排除は、どのような条件下において発生するのだろうか。

　まずは地域特性に着目すると、定説として、「地域に生活している住民よりも、施設が先住していることが施設へのコンフリクト発生を防ぐ条件であり、施設建設後に住宅が建ち、交通や地域環境も整備されることが、施設が地域に根づくことの基盤づくりに多大な影響を及ぼす」ことが知られている。本調査では、回答を得た全施設・事業所の約半数が「古くからの住宅街」に立地しており、新規に建物を建設した施設・事業所の約 4 割が「農地などが多く残っている地域」に立地している。施設・事業所は、日常的に他者との交流が図られる場所に建設すべきである、ということは認識しているものの、土地の取得のしやすさや多くの住民が生活している場所を避けて土地を選択しているという実情がある。また地域特性との関連では、施設へのコンフリクト発生の割合が最も高い地域は「新興住宅街」であった。これまでの研究において、地域コンフリクトが起こりやすい地域性として指摘されている「古くからの住宅街」よりも、本調査では新興住宅街の方が高い値を示していた。

　次に、施設種別との関連では、入所施設、つまり「住まい」の機能を有する施設におけるコンフリクトの発生率が高く、通所施設で低くなっていることが明らかになった。現在の地域との関係性においても、「施設や施設利用者について理解してもらえている」と回答した施設・事業所の多くは通所型であり、「相互不干渉、関係はない」とした施設・事業所の多くは入所型であった。障害者が地域のなかで「生活すること」に対する地域住民からの不安が根拠となり、施設へのコンフリクトというかたちでの社会的排除が展開されているものと考えられる。しかし、障害があろうとなかろうと、すべての人には地域で生活する権利があり、その権利の遂行を妨げることは本来できないはずである。もしも障害のある人が地域で生活しづらい状況があるのであれば、その状況を改善するための専門職の支援は、当然求められるべきであろう。

(3) 地域コンフリクトへの対応と社会的包摂

　地域コンフリクトを和解へと導くための手段として、1980 年代までは、地域住民の施設建設同意への交換条件としての代替施設の建設や、建設条件の譲歩などといった手段が採られてきた。しかし、そのような方法により表面的に解決されたコンフリクトは、本質的には合意形成には至っておらず、あるできごとをきっかけとして住民の意識は再び排除へと向かう確率が高い。

　「排除」から「包摂」へ転換するためには、施設や障害者と地域住民との関係性を構築するための取り組みと同時に、地域に新たなつながり（社会関係資本）を形成し、さらに、そのつながりを中心とした人と人との支え合いを促すことが重要である。これまでの研究においても、地域コンフリクトの経験を通じて、施設および地域が変化する可能性があることや長いプロセスを経て合意形成に至った施設が、当初考えられていたよりも地域社会の関係性をより一層発展的なものにしている事例が多々みられる。

　つまり、地域コンフリクト発生から合意形成に至るまで、どのプロセスを選択するかによって、地域コンフリクト発生の結果として、発生以前には見られなかった地域住民と施設との関係性が形成される可能性がある。そして、一度形成された関係性は、その後トラブルなどが発生したとしても、崩壊する可能性はきわめて低いことが明らかとなっている。

おわりに──社会的排除の対象から社会的包摂へ

　山岸（1998）は、安心も信頼も住民などの心理をリスク管理者への「ひどいことをしないだろうという期待」と「任せておこうという方向」に導く心理的要素であるものの、その発生の仕方が大きく異なっていると述べる。「安心」はリスク管理者が住民などをだましたりすると、リスク管理者自身の不利益になるとみなされることから生じるものであり、一方「信頼」は、リスク管理者の自己利益の評価以外の要素に基づくものから発生すると説明する。換言すると、信頼とは、「相手の人格の誠実さや自分の感情に基づいて相手の行動意図を評価する場合に生じるもの」であると捉えることができる。

　これまで展開されてきた障害者や社会的弱者等の排除から脱却し、あらゆる人が地域のなかでともに生活することを可能にするためには、地域住民同士の信頼関係の醸成が必要不可欠であり、行政や専門職は地域生活の支援として、信頼の重要性を念頭に置いておかなければならない。

　また、これまでいわゆる「迷惑施設」として認識されることの多かった障害者施設は、「人と人とのつながり」という新たな資源を形成する場となりうる可能性がある。一般的に信頼とは、長期間にわたる安全実績とそれをもたらす多大な努力が必要であるものの、崩壊は一瞬の事故によって簡単に起こると認識されてきた。しかし、長い時間をかけて醸成された信頼は、ひとつの事故などでは簡単には崩壊しない。障害者施設におけるコンフリクト問題に共通していることは、問題発生から終息に至るまでに長い時間を要しているという点である。このことは、長い時間をかけてより高いレベルでの信頼を得ることを目指してコンフリクト問題に対処することにより、住民のなかに一度形成された信頼は簡単には崩壊しないものになるという可能性を示唆しているのである。

注

1　1971 (昭和 46) 年 8 月、世論調査報告書参照

2　1983 (昭和 58) 年、宗像恒次「統計にみる『分裂病者』と精神医療体系－社会学的視角から」精神神経学会雑誌 , 85 (10) : 660-671.

3　1997 (平成 9) 年、全国精神障害者家族会連合会「精神病・精神障害者に関する国民意識と社会理解促進に関する調査研究報告書」日本財団図書館 (電子・図書館), http://Nippon.zaidan.info/seikabutsu/1997/00585/mokuji.htm.

4　2007 (平成 19) 年、谷岡哲也 , 浦西由美他「住民の精神障害者に対する意識調査：精神障害者との出会いの経験と精神障害者に対するイメージ」香川大学看護学雑誌第 11 巻第 1 号 , 65-74.

5　2003 (平成 15) 年、矢島まさえ , 梅林奎子他「山間地域における精神保健福祉に関する住民意識－精神障害者と接した体験の有無による比較－」群馬パース学園短期大学紀要 5 (1), 3-12.

参考・引用文献

Arne Gerdner, Klas Borell, *Neighborhood Reactions Toward Facilities for Residential Care:A Swedish*

80

　　　　Survey Study, Journal of Community Practice,11, 2003, pp.59-79.

Fisher, S. , Ludin, J. , Williams, S., Abdi, D. I & Smith, R., *Working with conflict: Skills and strategies for action*. London: Zeb Books, 2000.

Ｒ・リッカート、Ｊ・Ｇ・リッカート著、三隅二不二監訳『コンフリクトの行動科学―対立管理の新しいアプローチ―』ダイヤモンド社 , 1988.

阿部彩『弱者の居場所がない社会―貧困・格差と社会的包摂』講談社 , 2011.

大島巌「調査結果からみた精神障害者施設の地域定着の条件と課題」『新しいコミュニティづくりと精神障害者施設―「施設摩擦」への挑戦―』（大島巌編）, 星和書店 , 1992.

小澤温「施設コンフリクトと人権啓発―障害者施設に関わるコンフリクトの全国的な動きを中心に―」『部落解放研究』138, 2001, pp.2-11.

新保祐元「コンフリクト解消に向けて―施設サービス提供者ができること―」『戸山サンライズ』第 223 号 , 2005, pp.7-10.

全泓奎『包摂型社会―社会的排除アプローチとその実践』法律文化社 , 2015.

田中英樹他「作業所づくりと地域の偏見―どう取りくんできたか、神奈川の作業所運動から学ぶ―」『ゆうゆう』11, 1990, pp.26-32.

中村佐織「ソーシャルワークの視点からみた障害者施設の開放化戦略と地域住民の参加―施設側の要因―」『新しいコミュニティづくりと精神障害者施設―「施設摩擦」への挑戦―』（大島巌編）, 星和書店 , 1992.

野村恭代『施設コンフリクト―対立から合意形成へのマネジメント―』幻冬舎 ,2018.

野村恭代「信頼社会の構築へ―合意形成のためのリスクコミュニケーション手法―」『TASC MONTHLY』No.457, 2014, pp.6-12.

野村恭代『精神障害者施設におけるコンフリクト・マネジメントの手法と実践―地域住民との合意形成に向けて―』明石書店 , 2013.

古川孝順他編『社会福祉施設―地域社会コンフリクト―』誠信書房 , 1993.

山岸俊男『信頼の構造―こころと社会の進化ゲーム』東京大学出版会 , 1998.

和田修一「コンフリクトを生み出す社会的要因と解決プロセス」『新しいコミュニティづくりと精神障害者施設―「施設摩擦」への挑戦―』（大島巌編）, 星和書店 , 1992.

コラム　コロナ禍における精神科病院の課題

　朝日新聞（2020 年 6 月 9 日デジタル版）の報道によると、東京都 K 市にある M 病院で 39 名の新型コロナウイルス大規模クラスターが発生した。全国の精神科病院での新型コロナウイルス感染者は、6 月 9 日時点で 8 病院、感染患者数 78 人、職員等 36 人の合計 114 人である。このような状況を受け、東京、神奈川、愛媛等では「重症化のおそれのない」感染者や無症状の新型コロナウイルス感染者を受け入れる「精神科コロナ重点医療機関」を指定した。

　全国の多くの精神科病院では、新型コロナウイルス感染症対策の一環として、面会の制限や外出制限を行っている。そのため、入院患者は電話以外での外部との交流が遮断されている状況にあり、退院に向けた住まい探しや施設の見学さえも制限されるといった状況が続いている。

　コロナウイルスの感染拡大による精神科の閉鎖性、密室性の促進に警鐘を鳴らす研究者もいる。精神科への面会や患者の外出等は入院患者の基本的な権利であるものの、コロナウイルスの感染を理由に制限される可能性もあり、このような事態が長期化することによって、さらに精神科特有の密室性や閉鎖性は高まり、それが常態化するおそれもある。

　日本の精神科病院には「強制入院」が認められている。また、精神科病床は OECD 諸国平均の 4 倍に上り、入院患者の約 60％が 1 年以上の長期入院である。加えて、閉鎖病棟が全体の 7 割、65 歳以上が 6 割を占める精神科病棟は、新型コロナウイルスの院内感染リスクがきわめて高い場所であると言わざるを得ない。三密の精神科病棟での感染率は、国内平均の 2 倍であるという調査結果も出ている。

　コロナ禍に浮かび上がってきた精神科病院の課題は、これまで何年もの間、指摘され続けてきた日本の精神科病院特有の課題でもある。これを機に、より多くの人が精神科病院の問題をわがこととして認識し、建設的な検討がなされることを望む。

第4章　地域包括ケアと居住福祉
──地域を基盤とした「住まいとケア」──

中田雅美

はじめに

　地域包括ケアシステムの構成要素として位置づけられている「住まい」とは何を指しているのだろうか。住むための建築としての"住宅"、個人・家族が住む／住んでいるという状態としての"住居"、社会的側面を含めて住むこと／住んでいることを意味する"居住"は、地域包括ケアシステムの前提として機能しているのだろうか。

　本章では、地域包括ケアシステムという概念を概観したうえで、「住まいとケア」という点から、地域包括ケアを捉えなおす。さらに特別養護老人ホーム等を運営する社会福祉法人きらくえんの実践を通して、改めて施設を含めた地域包括ケアと居住福祉について考察したい。

1.　地域包括ケアシステムとはどのような概念か

(1) 地域包括ケアシステムの源流

　地域包括ケアシステムは、1970年代に広島県の旧御調町（2005年3月に尾道市に編入）の国民健康保険病院の医師であった山口昇氏がはじめて提起したといわれている。山口医師によると、1972～1973年頃から救急で搬送され、緊急手術で救命し、その後24時間体制で看護を行い、さらにリハビリを行って無事退院したケースが、1～2年後に寝たきり状態になって再入院してくるというケースが相次いだ。それに対して山口医師らは、病院で悪くなって

くるのを待つのではなく、医療を自宅に届ける「医療の出前」として、訪問
看護、保健師の訪問、リハビリテーションを強化した。そして 1980 年代に
は病院に健康管理センターを増設し、町役場の保健福祉行政を集中させ、社
会福祉協議会も移設し、保健医療福祉の一体的な推進体制を構築した。さら
に保健福祉総合施設としてリハビリテーションセンター、特別養護老人ホー
ム、グループホーム、ケアハウス等も病院の一部として設置し、行政部門
である保健福祉センターとともに地域包括ケアシステムを構築した（山口
2012：12-37)。この旧御調町の取組みを契機に、山形県最上町など各地の自治
体病院や医師を中心に医療・介護・福祉の総合的なケアシステムとしての地
域包括ケアシステムがすすめられた。

　その後、2003 年に高齢者介護研究会から『2015 年の高齢者介護〜高齢者の
尊厳を支えるケアの確立に向けて〜』[1] が出され、この報告書以降、主に高
齢者福祉領域において、国が打ち出す様々な政策の中で地域包括ケアシステ
ムという用語が使われるようになった。「地域における医療及び介護の総合
的な確保の促進に関する法律」では、第一条に、地域包括ケアシステムを構
築することを通じて、高齢者をはじめとする国民の健康の保持及び福祉の増
進を図り、あわせて国民が生きがいを持ち健康で安らかな生活を営むことが
出来る地域社会の形成に資すると目的に位置づけられている。さらに第二条
では、地域包括ケアシステムの定義を「地域の実情に応じて、高齢者が、可
能な限り、住み慣れた地域でその有する能力に応じ自立した日常生活を営む
ことが出来るよう、医療、介護、介護予防、住まい及び自立した日常生活の
支援が包括的に確保される体制」と規定されている。これは 2008 年に厚生労
働省で設置された地域包括ケア研究会による議論をふまえたもので、地域
包括ケア研究会では現在でも、団塊の世代が 75 歳以上になる 2025 年、そし
て 2025 年以降増大する介護ニーズと死亡者がピークに達すると予測される
2040 年を見据えた議論を進めている。

(2) 地域包括ケアと「住まい」

　地域包括ケア研究会は 10 年間で複数の報告書[2]（以下、『地域包括ケア研究会報告書』という）を出している。はじめて出された『地域包括ケア研究会報告書』(2009) では、地域包括ケアシステムは「ニーズに応じた住宅が提供されることを基本とした上で、生活上の安全・安心・健康を確保するために、医療や介護のみならず、福祉サービスを含めた様々な生活支援サービスが日常生活の場（日常生活圏域）で適切に提供できるような地域での体制」と定義し、ニーズに応じた住宅の提供を地域包括ケアシステムの基本としていた。2009 年度以降の『地域包括ケア研究会報告書』では、介護やリハビリテーションとともに「住まい（住まい方）」が地域包括ケアシステムの構成要素のひとつに位置付けられ、生活の基盤として必要な住まいが整備され、本人の希望と経済力にかなった住まい方が確保されていることが地域包括ケアシステムの前提とされている。

　一方で、2016 年度の『地域包括ケア研究会報告書』では、「住まい」を巻き込んだ地域包括ケアシステムの議論は（市町村にとって）ハードルの高い分野となっていると指摘している。2018 年度の『地域包括ケア研究会報告書』でも、施設の住まい化と多様化を背景に、施設と在宅という分類は意味を失っている。介護施設と地域の中で施設の再定義を行うことが住まい化の進展につながるなどと示されているように、地域包括ケア研究会の中でも「住まい」や地域でどのように住まうかという位置づけ自体が定まっていないといえる。

(3) 地域包括ケアシステムが持つ 4 つの側面

　地域包括ケアシステムは、非常に捉えにくい概念といえるかもしれない。二木立は、地域包括ケアシステムがわかりにくい理由として、①概念・範囲の説明が変化・進化し続けていること、②実際はネットワークであるのにシステムと命名されたこと、③保健医療系と（地域）福祉系の 2 つの源流があることを挙げている（二木 2017：18-20）。筆者は、『高齢者の「住まいとケア」からみた地域包括ケアシステム』（中田 2015：15）で、地域包括ケアシステムにおける“包括ケア”には 3 つの側面があると指摘した。ひとつは、医療・福

祉・住宅等の分野を包括して提供するという意味の"包括ケア（分野横断的な
ケア）"であり、1980年代以降に広がった保健医療系の源流をもつ地域包括ケ
アである。二木が指摘するように、医療と介護の連携やネットワークが目
指されており、包括的な個別ケア体制をシステムとして整えるところまでは
至っていないのが現状であろう。

　次の側面は、家族や介護サービス事業者の専門職だけでなく、地域住民や
ボランティアなどケアの担い手に着目した"包括ケア（多様な担い手）"である。
2012年度の『地域包括ケア研究会報告書』では、地域包括ケアシステムの担
い手を「自助・互助・共助・公助」という4つに分けている。地域包括ケア
研究会の座長である田中滋は、地域包括ケアシステムを誰が担うのかという
点について「自分のことは自分でする『自助』をベースに、お互いに助け合え
る部分は助け合う『互助』を活用し、自助・互助・共助・公助を組み合わせて、
高齢者の在宅生活を支えていくことをめざしています」（田中 2014：13）と説
明している。つまり地域包括ケアシステムを、サービス事業者や行政のみな
らず、家族や地域住民らによる取組みを含めた多様な担い手によるケア体制
と捉えている。

　3つ目は、健康増進や介護予防、要支援や要介護状態への重度化、そして
ターミナルケアや看取りを含めた"包括ケア（継続的なケア）"という側面であ
る。介護保険制度においては介護予防や生活支援が重視され、地域における
体制づくりが進められている。さらに死亡率がピークを迎える2040年に向
けては、ターミナルケアや看取りなどが課題となり、病院や施設を含めたケ
アシステムの構築が欠かせない。2013年度の『地域包括ケア研究会報告書』
以降、特別養護老人ホーム等の介護保険施設が「重度者向けの住まい」とし
て積極的に位置づけられるようになったように、地域包括ケアシステムには、
介護予防から看取りまでの継続的なケアをという側面もある。

　ここで新たに加えたいのが、高齢者にとどまらない全世代全対象型の"包
括ケア（限定しない対象）"という側面である。いま地域包括ケアシステムの議
論は高齢者ケアにとどまらず、全世代・全対象型地域包括ケアへとシフトし
てきている。この流れは、2015年の「誰もが支え合う地域の構築に向けた福

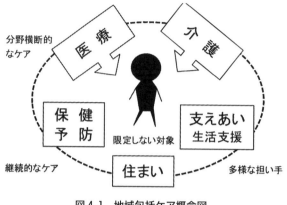

図4-1　地域包括ケア概念図
筆者作成

祉サービスの実現——新たな時代に対応した福祉の提供ビジョン」や、その後の地域共生社会実現にむけた検討にも現れている。地域包括ケアシステムの対象は、法律上規定されている高齢者のみならず、子育て中の世帯、病気や障害を抱えながら暮らす方々、ひきこもり (8050問題) やアルコール依存症など、限定しない対象として広がっているのである。

　つまり、**図4-1**のように、地域包括ケアシステムは、構築を目指す、あるいは進める主体や方向性によって解釈や取り組み内容が異なる、非常に多義的な概念といえるだろう。これは地域包括ケアに関わる具体的な取組み事例[3]をみても明らかである。

2.「住まいとケア」という視点からみる地域包括ケア

(1) 高齢者の「住まいとケア」とは

　次に、この多義的な概念である地域包括ケアとして「住まいとケア」という視点からみてみたい。前述したとおり、現在の議論では必ずしも高齢者に限られたものではないが、これまでの経緯を鑑みて、ここでは高齢者分野に着目する。

　高齢者に対する施策は、高齢化の進展とともに積極的に展開されてきた。

しかし、その時々に合わせて施策が個々に展開されたため、結果として非常に複雑な体系となっている。そのため筆者は、施設か在宅か、住宅施策か福祉施策かの垣根を越えて高齢者に対する「住まいとケア」として捉えることで、現在ある施策が高齢者の暮らし（生命・生活・人生）のどの部分を支え、また支えられていないのかといった現状や課題を明らかにすることができると考えた（中田 2015）。

　高齢者の「住まいとケア」という概念については、先行研究でも明確に定義付けられていないため、住宅・住居・居住としての「住まい」と対人援助サービスとしての「ケア」を合わせた概念として用いる。「住まい」とは、嶺学が述べている「住まい」がもつ 3 つの側面、第 1 に住むための建築としての住宅、第 2 に住むという個人・家族の行為、または住んでいるという状態としての住居、第 3 に社会的側面を含めて住むこと、住んでいることを意味する居住を含めた概念（嶺 2008: 5-6）である。「ケア」は、広井良典が指摘しているように、狭くは、「看護」「介護」、中間的なものとして「世話」、最も広くは「配慮」「関心」「気遣い」ときわめて広範な意味をもつ（広井 1997：9-11）が、ここでは看護や介護等に限定した形での「ケア」とする。「住まい」と「ケア」を合わせた概

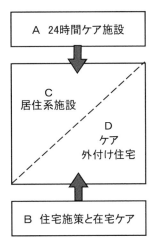

図 4-2　高齢者の「住まいとケア」施策分類

筆者作成

念として「住まいとケア」を用いることで、これまでの福祉政策に抜け落ちていた居住の視点を再度見直すことができると考えた。

(2) 高齢者の「住まいとケア」4 類型

　まず、これまでの高齢者政策の変遷から現在の高齢者の「住まいとケア」施策をみてみると、**図4-2**のように、施設か自宅かの二元論から、その中間的な住まいを含めて地域で住み続けるという方向に向かっている。しかし現在も施設は存在し、自宅で生活する高齢者も数多く存在する。つまり、現在の「住まいとケア」施策は、施設で暮らす方、自宅で暮らす方、それ以外の場所で暮らす方等、それぞれの「住まいとケア」が同時並行的に多種多様な施策として講じられているのである。1 つの類型や施策のみを分析するだけでは全体像をとらえることが出来ないのである。

　そして、高齢者施策の変遷を「住まいとケア」という視点からみた結果、高齢者の「住まいとケア」施策は「住まい」と「ケア」の関係から、A. 24 時間ケア施設、B. 住宅施策と在宅ケア、C. 居住系施設、D. ケア外付け住宅の 4 つに類型化することができた。**図4-3** は 4 類型それぞれの住まいを□、ケアを○で表したものである。

　1 つ目の施策類型である類型 A. 24 時間ケア施設は、住まいとケアが 24 時間体制で一体的に提供されている施策、具体的には、特別養護老人ホームや老人保健施設、グループホーム (認知症対応型共同生活介護) 等である。24 時間ケア施設では、原則施設内で暮らす高齢者に対し、施設の職員のみがケアを提供するという施策である。関係図は□の住まいの中にすべてのケア○が

 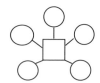

A.24 時間ケア施設　　B.住宅施策と在宅ケア　　C.居住系施設　　　D.ケア外付け住宅

図 4-3　住まいとケアの 4 類型

筆者作成

収まっている形とした。類型 B.　住宅施策と在宅ケアは、持ち家や賃貸住宅等の自宅で生活する高齢者に対するケアサービスである。ここには、自宅の住宅改修や生活支援サービス、介護保険制度の居宅サービスなどが位置付けられる。関係図は住まいの□の周りにいくつもの○がつながっている図とした。次の、類型 C.　居住系施設は、食事や入浴介助等何らかのケアが施設内で提供されているが、提供されるケアの範囲が限られており、ケアの必要性に応じて施設内もしくは外部からのケアサービスを個別に提供する施策である。具体的には、軽費老人ホーム、有料老人ホーム、加えて介護保険制度における特定施設入居者生活介護もここに位置付けられる。関係図では、住まいの□から○が重なる部分と出ている部分がある形で表した。最後の類型 D.　ケア外付け住宅は、高齢者に考慮した住宅施策と、それに付随もしくは近接した形でケアが提供される施策である。住宅型の有料老人ホーム、シルバーハウジングやこれまで整備されてきた高齢者住宅を含めたサービス付き高齢者向け住宅が類型 D に位置付けられる。

(3)「住まいとケア」の貧困

　これまでの高齢者施策を整理してみると、例えば経済的または家庭の事情で自宅で生活できない、常時介護が必要となり自宅で生活することが難しくなったなど、高齢者（または家族）の状態に応じて機能別に施策が講じられてきたことがわかる。このことは、2 つの事態をもたらした。

　ひとつは、サービスが機能別に分化されていくことで、状態が変化したときにサービスの変更・転居を求められるという点である。例えば、サービス付き高齢者向け住宅や有料老人ホームに元気なうちから入居した人が、転倒や病気をきっかけにケアが必要となった場合、事業所によってそこで住み続けることができなくなったり、事業所の持つサービスを利用し続けなければ継続して暮らし続けられないということである。つまり、本人の希望する場所で暮らし続けられるようなケア体制が整っているのではなく、その時々の状態に応じて「住まい」も「ケア」も選択し、場合によっては転居しながら過ごさなければならないのである。これは本人の希望や選択、という地域包括

ケアシステムの前提を揺るがす大きな課題といえる。また、高齢期における
リロケーション・エフェクトを鑑みても、本人にとって決してよい影響をも
たらすとは考えにくいだろう。

　ふたつは、特に介護保険制度がスタートした 2000 年以降、契約を基にし
たサービス利用に転換し広くサービスが浸透したと同時に、有料老人ホーム
やサービス付き高齢者向け住宅等の住宅施策も充実したことで、個人の所得
に応じてサービスの利用の可否が変わったということである。これは高齢者
住宅や老人ホームだけの利用に限らず、自宅で居宅サービスを利用している
場合においても例外ではなく、所得に応じてサービスを利用した分の 1 割以
上の自己負担が発生するため、利用料をみながらサービスの利用を制限する
ということがおこるだろう。つまり、「住まい」のみならず、「ケア」もニー
ズに応じて提供されるものではなく、個々の経済力によるものとなっている。
これは、本間義人 (2009) のいう「居住の貧困」に通ずる「住まいとケア」の貧
困と指摘できるのではないだろうか。

3. きらくえんにおける地域包括ケア実践

(1) きらくえんを取り上げる理由

　ここで、兵庫県にある社会福祉法人きらくえん (以下、きらくえん) の実践
を取り上げたい。きらくえんは複数の特別養護老人ホームを中心として関連
事業を複合的に実施する社会福祉法人である。ここで社会福祉法人きらくえ
んの実践を取り上げるのには、2 つの理由がある。ひとつは、きらくえんが
一人ひとりの「住まいとケア」を特別養護老人ホームとして、人生の最期ま
で保障しているという点である。2 つ目は、それぞれの特別養護老人ホーム
が立地する地域において、介護サービスを利用している方も地域で暮らし続
ける住民の視点に立ち、各種サービスの提供や、関連機関との連携・協働等
により、多様な形で地域との関わりをもっている法人であるという点である。
　特にきらくえんが運営する特別養護老人ホームが立地している地域は、同
一都道府県の異なる地域性をもつ場所である。1983 年に設立された喜楽苑

表4-1　きらくえんにおける地域との関わり

	喜楽苑	いくの喜楽苑	あしや喜楽苑	けま喜楽苑
入居者の「住まいとケア」	△	○	△	◎
入居者の地域生活を保障	◎	○	○	○
地域でのケア（サービス）	○	○	◎	○
行政との協働	○	◎	○	○
地域住民の参加（拠点）	○	○	◎	○
専門職や住民との協働	○	△	◎	○

筆者作成

は市街化区域・準工業地域といった市街地にあり、1992年開設のいくの喜楽苑は市町村合併前の人口5,000人に満たない過疎地域に、1997年開設のあしや喜楽苑は全国的にも有名な高級住宅地に、2001年開設のけま喜楽苑は阪神南地域にある第1種高層住宅専用地域に立地している。そして2012年に設立した須磨きらくえんは政令指定都市内に立地する都市部の特別養護老人ホームである。きらくえんは単なる特別養護老人ホームを中心とした介護サービス事業所ではなく、時代の変化に応じて、また地域の実情に応じて積極的に地域との関わりをもって事業を展開してきた。

(2) きらくえんにおける「住まいとケア」

　きらくえんでの実践を地域とのかかわりの中で整理してみると、入居者の「住まいとケア」、入居者の地域生活を保障、地域でのケアサービス、行政との協働、地域住民の参加、専門職や住民との協働と、それぞれが複数のかかわりを持っていることが明らかになった（**表4-1**参照）。

　具体的に例示してみると、喜楽苑においては開設当初より、地域の老人会への入会、居酒屋や散髪に出かける等、たとえ入所しても地域住民としての生活を継続できるよう工夫されていた。また地域で提供するケアサービスとして、介護保険制度における居宅サービスや地域密着サービスのみならず、グループハウスや訪問看護等、地域の実情に合わせてサービスを展開していた。これは喜楽苑のみならず、法人全体としての取り組みでもある。いくの喜楽苑は現在合併して朝来市に編入されているが、開設当時は生野町という

コラム　　毎日の暮らしを支え続けるもの

　徐々に手助けが必要になってきた祖父のケアを、自宅で担っていた母が突然他界した。祖父にとっては長年同居していた実の娘。母も遠慮なく当たり前のように過ごし支えていた。祖父は母が突然他界したことをのみ込めないまま、母の療養中に利用していたショートステイから、特別養護老人ホームに入所することになった。母がいなくなるまで、介護サービスを一度も使ったことがなかった祖父であるが、この渦中であのまま自宅にいたらどのように過ごしていただろうか。

　いま、日本中の社会福祉施設は、目にみえないウイルスから入居者の命を守り、一人ひとりの生活を、そして本人のみならず家族たちにとってもかけがえのない人生を支えている。それは毎日、途切れることなく続けられている。家族にとっては傍にいられない・会えないからこそ募る不安だけでなく、祖父が今日食べる食事があること、安心して寝る場所があること、声をかければ反応してくれる人がいることが何よりも大きな支えとなっている。一人で家業や家事に奮闘することになった父は、面会も許されない中で、職員から祖父の様子を伝える電話があったこと。祖父がピースサインをして写る写真を送ってくれたこと。短かったが一度だけ、透明の板越しに祖父と面会でき、元気な顔を見て話せたと喜んでいた。祖父の途切れない毎日の暮らしがあるのは、それによって父の、私たち兄妹のそれぞれの暮らしが続けられるのは、そこで働くスタッフの方々のおかげである。

　一方 2020 年 8 月 6 日付の朝日新聞「犠牲者 4 割が老人ホーム　死者 5 万人に迫る英国」では、ヨーロッパの中でも新型コロナウイルスによる死者数が群を抜いているイギリスに着目し、その背景に迫っている。まずは政府の対応が遅れ、必要な病床数を見誤ったまま、病院から老人ホームへの移送をしたこと。そして、人手不足や医療関連資源の不足が恒常化する老人ホームで受け入れたことにあったと指摘している。また一部の地域で医療崩壊が起こったイタリアでは、80 歳以上の高齢者に対する集中治療を断念するという基準を作成したというニュースもある。先の記事でも最後に「各地の老人ホームは、入居者が病気になっても入院できないという新たな問題を抱えている。ホームからウイルスが持ち込まれるのを、病院側が恐れるからだ・・・脳卒中や心臓まひなどの救急時には特に、搬送先を見つけるのに苦労する」と述べられている。"トリアージ"は誰がどのような基準で、いつおこなうのか。よそ（他国）のこと、ではないだろう。

　当たり前であるが、ウイルス感染は、祖父の暮らしを支え続けてくれている人たちの暮らしにも打撃を与えている。家族等が遠隔会議ツールを活用できないか、ロボット掃除機や多様なリフトなど現場で活用できるテクノロジーは何か。願わくは、保健医療福祉に従事するすべての職員の、最前線にいる一人ひとりのLIFE（生命・生活・人生）が守られ、安心・安全に働き続けられるよう、居住福祉学にかかわる一人として考えていきたい。

銀山のまちに唯一ある特別養護老人ホームであった。そのため積極的に行政と協働しながら地域とのかかわりが展開された。例えば、バス停やゲートボール場の設置、地域の祭りの復活、使われなくなった施設の再利用等、様々な形で行政と協働してきた。合併した現在も朝来市の中心部から離れているため、旧生野町の地域住民にとっては変わらない存在であろう。

　あしや喜楽苑の特徴として、ボランティア活動、サークル活動やコンサート、ギャラリー等での展示や喫茶店の運営等、本人や家族にかかわらず広く地域住民が自然に集える場として存在している。これは須磨きらくえんにも継承されている取り組みである。またあしや喜楽苑では、専門職や住民との協働として、関係機関が共通して取り組む「あまがさき地域福祉推進協議会」を介護保険制度が開始される前から組織していた。ほかにも地域包括支援センターの働きかけによる専門職を中心としたネットワーク部会、商店主や自治会・有志等による住民組織の立ち上げ等を行ってきた。けま喜楽苑においては、特に入居者の「住まいとケア」に力点を置いた地域との関わりが展開されており、入居者に対してそれまで暮らしてきた地域での暮らしぶりを丁寧に聞き取り、出来る限りそれまでの暮らしが続けられるようにソフト・ハード両面で実現していた。さらに須磨きらくえんでは、高齢者のみならず、多世代が集える場所として施設を運営することが目指されている。

　つまり、きらくえんでは、一人ひとりを単なるサービス利用者としてだけでなく、たとえ施設に入所してもこれまで地域で暮らしてきた住民としての視点を継続して持ち、その地域に応じた形で実現している。加えて、地域における施設の役割を的確にとらえ、地域住民が継続してかかわれる仕掛けを講じ、施設が単なる「重度者のための住まい」ではない場所として存在していることを示しているのではないだろうか。

(3) 施設は「重度者のための住まい」なのか

　地域包括ケアシステムの議論のなかで積極的に施設が構成要素として位置付けられてこなかったころから考えれば、施設が地域包括ケアシステムとして位置づけられたことに一定の意味はあると考えている。しかし、果たして

施設は「重度者のための住まい」としての位置づけとしてのみ存在している
と考えてよいのだろうか。

　大橋謙策は地域包括ケア実践の萌芽として、"施設の社会化"に関する変
遷を位置づけている。"施設の社会化"は、在宅福祉の充実が表面化して以
降に積極的に議論と実践が進められるようになった。いくつかの先行研究で
も概念整理[4]されているが、施設入居者の生活圏の拡大による社会化、施設
機能の地域社会への展開による社会化、施設運営における社会化等側面があ
る。大橋は、「国によって進められている社会福祉施設の整備とは別のベク
トルで、社会福祉法人に新たな高齢者向けのサービス開発や施設を拠点とし
たコミュニティケアの推進を志向して…（略）いわば、社会福祉施設と地域
福祉との関わりはどうあるべきで、地域で住み続けたいと考える高齢者を支
えるシステムづくりをどう具現化させるか」と"施設の社会化"を地域包括ケ
アにつながるものとして述べている（大橋 2014：5-8）。やはり、きらくえんが、
地域包括ケアにつながる"施設の社会化"の複数の側面をあわせもつ形で地
域との関わりをもっている点は特筆すべきであろう。

　また 2015 年度から特別養護老人ホームの入所基準が要介護 3 以上へと変
更されたことは、約 52 万人にものぼる特別養護老人ホームへの入所待機者[5]
への対策であると同時に、入所施設はより重度要介護者の、もしくは最期の
看取りの場としての位置づけを明確にした狙いがあるだろう。しかし特別養
護老人ホームを含む類型 A が名実とも最期の場としてのみ機能することに
なれば、要支援者や要介護の軽度者が自宅で暮らせなくなった場合、自宅以
外の「住まいとケア」を転々とすることになるのではないだろうか。人は常
に変化していく。その変化の一部だけを担うサービスを単発的に提供してい
れば、図 4-4 のように一人ひとりのケアを継続的な視点でみない限り、「重
度者のための住まい」に入るまでに経済状況や心身の状態像に合わせて"た
らいまわし"される可能性が高くなるだろう。しかも先述したとおり現在の
施策は「住まいとケア」の貧困に大きく関わる。「住まいとケア」から地域包
括ケアシステムをみれば、ここに大きな課題を抱えていることが指摘できる。

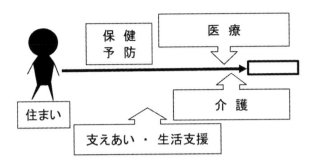

図4-4　継続的なケアを軸とした地域包括ケア概念図

筆者作成

おわりに

　ここまで、地域包括ケアシステムという概念が非常に多義的で、複数の側面を併せ持つ概念であること。中心的に施策を展開してきた高齢者福祉分野においては、機能別に施策を講じてきたことから多様な施策が混在していること。またそのことで状態の変化やニーズに応じた対応ではなく、状態像ごとの場当たり的な対応にならざるを得ないこと。また、普遍的な社会保障ではなく、個人の経済状況に大きく左右される「住まいとケア」の貧困というべき事態がおこっていることを指摘してきた。

　そしてきらくえんにおける実践をとおして、特別養護老人ホームを含む入所施設が、単なる「重度者のための住まい」ではなく、健康増進や介護予防、生活支援や住民が集まる拠点づくりにつながる取り組みを実現することができること。たとえ施設に入所したとしても、これまでの地域での生活を継続するための工夫（家具の持ち込みや老人会への参加等）で施設入所後も最期まで地域住民としての暮らしが実現できることを示した。

　きらくえんの取り組みが、きらくえんのみでの取り組みとならないように、全国的に取り上げられている地域包括ケアシステムの事例が先進地での事例に終わらないように、野口定久（2014）が提唱する「個別援助から地域包括ケアシステムの構築」にむけ、個別事例を積み上げ、地域を基盤とした包括的

なケアシステムに関する論点を明確にする必要があるだろう。

注：本稿の内容の一部は、中田雅美 (2015)『高齢者の「住まいとケア」からみた地域包括ケアシステム」の内容を基に執筆されている。

注

1 　厚生労働省老健局の設置した高齢者介護研究会が 2003 年に出した報告書『2015年の高齢者介護〜高齢者の尊厳を支えるケアの確立に向けて〜』http://www.mhlw.go.jp/topics/kaigo/kentou/15kourei/index.html

2 　2008 年度より厚生労働省に設置された地域包括ケア研究会は、以下の通り複数の『地域包括ケア研究会 報告書』を出している。

・地域包括ケア研究会『平成 20 年度　老人保健健康増進等事業　地域包括ケア研究会　報告書　〜今後の検討のための論点整理』、2009

・地域包括ケア研究会『平成 21 年度　老人保健健康増進事業による研究報告書　地域包括ケア研究会　報告書』三菱 UFJ リサーチ＆コンサルティング、2010

・地域包括ケア研究会『平成 24 年度　厚生労働省老人保健事業推進費等補助金（老人保健健康増進等事業分）　持続可能な介護保険制度及び地域包括ケアシステムの在り方に関する調査研究事業　報告書　地域包括ケアシステムの構築における今後の検討のための論点』三菱 UFJ リサーチ＆コンサルティング、2013

・地域包括ケア研究会『平成 25 年度　老人保健事業推進費等補助金老人保健健康増進等事業　地域包括ケアシステムを構築するための制度論等に関する調査研究事業　報告書』三菱 UFJ リサーチ＆コンサルティング、2014

・地域包括ケア研究会『平成 27 年度　老人保健事業推進費等補助金老人保健健康増進等事業　地域包括ケアシステム構築に向けた制度及びサービスのあり方に関する研究事業報告書　地域包括ケアシステムと地域マネジメント』三菱 UFJ リサーチ＆コンサルティング、2016

・地域包括ケア研究会『平成 28 年度 老人保健事業推進費等補助金老人保健健康増進等事業　地域包括ケアシステム構築に向けた制度及びサービスのあり方に関する研究事業報告書―2040 年に向けた挑戦―』三菱 UFJ リサーチ＆コンサルティング、2017

・地域包括ケア研究会『平成 30 年度 老人保健事業推進費等補助金 老人保健健康増進等事業　地域包括ケアシステムの深化・推進に向けた制度やサービスについての調査研究　報告書　2040 年：多元的社会における地域包括ケアシス

テム―「参加」と「協働」でつくる包摂的な社会―』三菱 UFJ リサーチ & コンサルティング、2019

3　これまでの地域包括ケアにかかわる先進的な取組みはいくつかまとめられているが、本章では、その中で最も事例数の多い日本総合研究所 (2014)『平成 25 年度　厚生労働省老人保健事業推進費等補助金 (老人保健健康増進等事業分) 地域包括ケアシステム事例分析に関する調査研究事業事例を通じて、わが町の地域包括ケアを考えよう「地域包括ケアシステム」事例集成〜できること探しの素材集』27-274 頁に掲載されている 60 例をもとに述べている。60 事例は①介護保険サービスの充実強化、医療との連携強化に関する取組み、②介護予防の推進に関する取組み、③生活支援サービスの確保や住まいの整備に関する取組み、④住民や関係団体・機関等との協働による包括的な支援体制づくりの取組みの 4 つに整理されているが、どの範囲で、誰が、何をもって地域包括ケアシステムを構築しているのかは事例による。ここで挙げられる取り組みを行っていることが、イコール地域包括ケアシステムが構築しているとはいえない現状である。

4　1950 年代から公式に使用されていた「施設の社会化」であるが、小笠原祐次は『生活の場としての老人ホーム　その過去、現在、明日』(1999) 中央法規の中で、施設の社会化は定式に概念化されておらず、「地域化」「地域開放」等と用いられることがあると指摘している。そのうえでこれまでの概念整理は、秋山智久の「社会福祉施設の社会化とは、社会保障の制度の一環としての社会福祉施設が、施設利用者の人権保障、生活保障の擁護という公共性の視点に立って、その施設における処遇内容を向上させるとともに、その置かれたる地域社会の福祉ニードを充足・発展させるために、その施設の所有する場所・設備・機能・人的資源等を地域社会に解放・提供し、また地域社会の側からの利用・学習・参加等の働きかけ (活動) に応ずるという、社会福祉施設と地域社会の相互利用の過程」という定義と、大橋謙策による、コミュニティ政策の一環としてのコミュニティ構想や家庭の地域化、社会化の流れの中で議論されてきた縦割り行政への批判を含む、「地域の老人の必要なサービスを行政がどう有機的に関連性をもって保障するか」という視点と施設の地域化＝入所者の地域化、建物・設備等の地域化、職員の地域化、機能の地域化の側面があると指摘している。

5　2014 年 3 月に 5 年ぶりに厚生労働省から発表された「特別養護老人ホームの入所申込者の状況」によると、2014 年 3 月の集計時点で全国に 52 万 3,584 人 (うち、在宅の方は約 26 万人、在宅以外は約 26 万 4,000 人) が特別養護老人ホームに申し込んでいた。これは 2012 年 10 月 1 日現在の特別養護老人ホーム入居者数を上回る数である。5 年前の 2009 年 12 月の集計結果と比較しても、約 10 万人の申込者が増加している。なお、2019 年 12 月の集計では、特別養護老人ホームの入

居基準が要介護 3 以上となり、入所申込者は 29.2 万人であった。

参考・引用文献

太田貞司編集代表・太田貞司・森本佳樹編『地域包括ケアシステム　その考え方と
　　課題』光生館、2011

大橋謙策「序章　高齢化社会助成事業の目的・変遷と地域包括ケア実践の萌芽」大
　　橋謙策・白澤政和共編『地域包括ケアの実践と展望―先進的地域の取り組み
　　から学ぶ』中央法規、2014

厚生労働省ホームページ　「福祉・介護　地域包括ケアシステム」
　　➤ https://www.mhlw.go.jp/stf/seisakunitsuite/bunya/hukushi_kaigo/kaigo_koureisha/
　　chiiki-houkatsu/（2019 年 9 月 1 日閲覧）

田中滋監修『地域包括ケアサクセスガイド　地域力を高めて高齢者の在宅生活を支
　　える』MC メディカ出版、2014、13 頁

中田雅美『高齢者の「住まいとケア」からみた地域包括ケアシステム』明石書店、
　　2015

二木立「真相を読む・真相を解く」『日本医事新報 4703 号』日本医事新報社、2014

二木立『地域包括ケアと福祉改革』勁草書房、2017

二木立『地域包括ケアと医療・ソーシャルワーク』勁草書房、2019

野口定久『ソーシャルワーク事例研究の理論と実際　個別援助から地域包括ケアシ
　　ステムの構築へ』中央法規、2014

広井良典『ケアを問いなおす―〈深層の時間〉と高齢化社会』ちくま新書、1997

本間義人『居住の貧困』岩波新書、2009

嶺学編著『高齢者の住まいとケア―自立した生活、その支援と住環境』御茶の水書
　　房、2008

山口昇「2 章　地域包括ケアのスタートと展開」高橋紘士編『地域包括ケアシステム』
　　オーム社、2012、12-37 頁

| コラム | 暮らしまで切り離されてしまわないように |

　筆者は、北海道石狩郡当別町という人口 15,000 人あまりの町に在る大学に勤めていた。札幌の自宅から 1 時間弱、電車で通勤すると 1 時間半はかかる。2020 年 5 月 (正確にはコロナ禍の影響で 4 月中旬) この町を通る鉄道が、所属する大学の最寄り駅を終点とし、その先の路線が廃線となった。廃線前にはすでに 1 日 1 往復 (浦臼⇔新十津川間) しか走らず、日常的に乗る客も多くはなかっただろう。自家用車での移動が中心の人たちや、別の路線の駅が数キロ先にある町民にとっては、それほど大きな影響がないのかもしれない。ただこれからの暮らしに全く影響はない、とはいいきれないだろう。

　筆者は数年掛けて、道内の A 町で独り暮らし高齢者を対象としたアンケート調査 (N = 118) を実施したことがある。公共交通機関は町の中心部のみを起点としたバスのみ。自家用車を利用する人は少なく、近所の商店などを徒歩や自転車で利用し、少し離れた場所での買い物は、バスや家族の訪問時に合わせてしていることがうかがえた。特に中心部から離れた地域では移動販売車を利用し、全体としても近隣市町村への買い物と同程度あった。また通院は町外の医療機関に行く方が多く、主にバスを利用していた。農業・漁業が主産業である A 町では、たとえ高齢者が独りで暮らしていても、家庭菜園や近隣からの差し入れなどもあり、ある程度の生活することができる。ただ、病気やけが、経済的な理由や家族の事情で一人で生活できなくなったとき、町内にさえ住み続けることができなくなる可能性が高くなる。そもそも、徒歩圏内に商店がない集落や移動販売車が来ないエリアも存在するため、個々の事情で町外に出るタイミングは早まるだろう。さらに、高齢化が進み、人口減少が進む過疎地域であっても、若者が一人もいないわけではない。毎日の通学や習い事のため、バス停がある場所や目的地まで、親が片道 30 〜 50 キロを自家用車で送迎することもあると聞いた。地域に住み続けるということは、長く暮らし続けてきた高齢者だけの問題ではないのである。A 町で、20 歳以上の男女 (N = 422) を対象とした調査でも、生活を続ける上での不安として「バスなどの公共交通機関の整備が不十分である」が上位に挙げられていた。ベビーカーを利用する親子や、車いすなどを利用する方なども、同様の生活課題を抱えるかもしれない。

　地域に住み続けるということを考えるとき、「住まい」のもつ住宅・住居・居住という視点で方策を考えることができないだろうか。そこに家がある、家族がいる、だけではなく、働く場所や学校、商店など生活するために必要な資源がある、その資源にアクセスしやすいかなど、社会的側面を含めて "地域に住まう"ということを捉え、考える必要がある。特に経済効率で切り離されがちな中心部以外の地域で、誰もが最期まで住み続けるということを、一人ひとりの暮らしの視点から考えることも、居住福祉学のひとつの重要な課題ではないだろうか。

第5章　「居住福祉」と経済発展・政治意識

神野武美

はじめに

　日本の近代化の過程は、人口や産業が大都市に集中・集積し、それが地価や地代、住宅価格・家賃の上昇に結びついて人々の暮らしに大きな影響を与えてきた。不動産価値の上昇などで「集積の利益」を享受する者がいる半面、住居費の高騰や生活環境の悪化などで「集積の不利益」を被る者もいる。それは、土地から生み出される「空間価値」(早川 1973:10)の問題である。日本近現代、とくに戦後高度成長期の都市の歴史は、「空間価値」の「分配及び資源配分」において、もっぱら私経済的利益が優先され、かつ「画一的」「浪費的」な展開であった。地価上昇が常態化し、「土地を持てば財産が増えて豊かな暮らしが保障される」という意識が国民に定着した。こうした状況のもと、一時的に市場経済的な価値は増大したものの、高度成長の終焉とともに大量の不良資産を産み出し、「居住福祉資源」というストック――人を幸福にするための蓄積――につながらなかったのである。本章では資本主義成立・発展期からの都市社会と国民の政治意識の歴史を振り返り問題の本質に迫りたい。

1.　資本主義の成立・発展期の居住福祉思想

(1) 首都東京と地方

　①都市スラムの形成

　1899 年に刊行された横山源之助『日本の下層社会』は、東京に集まり住ん

だ貧民の現実を伝えている。「貧民に最も負担となるのは家賃なるべし。神
田三河町雉子町の如き路地の家賃は 2、3 年前 80 銭乃至 1 円を普通とせしが、
今日大抵 1 円 50 銭乃至 2 円に昂り、万年町の家賃は少しく劣りて表に店を
張れるは 1 円 2、30 銭、路地の家賃は 70 銭程度とし……恐らくは東京市中
斯くの如き家賃の低廉なるはあるざらん」(横山 1949：47)。

　1903 年刊の片山潜『都市社会主義』は、「たとへば我東京市が市区改正 (注：
都市改造事業など) を実行し、その第一に利益を占むる者は、市街を利用して
利益を営む電気・馬車鉄道社なり。道路の修繕・新聞・水道の敷設等により
て第一に利を得る者は、市内宅地所有主なり。……年々其価格増加し地代又
は家賃に於いて更に労せずして莫大の利益を得つつあることは明白なる事実
なり。都市的経済の原則より断案せば、斯かる労せず卸資せずして収利する
地主に向っては、同時に市の負担を増加せしめざるべからざるなり。……見
よ家屋税の如き付加税の如き、皆一般市民の負担に帰する者のみ増徴するに
あらずや。聞く三菱会社は近時其深川区及び芝区に於ける所有の宅地料及家
賃を二倍以上に迄も引揚げたりと云ふ」(片山 1903：23、24) と、当時の東京に
おいては、都市開発利益が地主や土地持ちの会社に独占され、その一方で、
貧窮した農村からの人口が流入するなどして貧民の住む都市スラムが形成さ
れ、都市問題、社会問題が意識され始めた時代であったことを伝えている。

②地方経済が支えた「富国強兵」

　明治政府は、「富国強兵」を目指して中央集権を進めたが、日本経済を支
えた輸出品はむしろ、生糸や茶、水産物、石炭など地方の産物が主力であり、
「富国強兵」は地方経済の地力に支えられていた。文化人類学者の米山俊直
は「明治維新は強力な中央集権の体制をつくったが、各地方にはそれぞれの
エネルギーがあって、鉄道を敷き、学校や役所を誘致して洋館を建て、新し
い産業を興した。各地に銀行が生まれ、県、郡、町村の議会が開かれ、農民
の組織や商工業者の各種団体ができる。宮本常一の『日本の中央と地方』(1967
年、11 頁) …の中に『地方の小さい忘れられたような島などに渡っても、全
島瓦葺きになっている例が少なくない』という記述がある。江戸末まで許さ

れなかった瓦葺きに全戸が変ったということは、明治以降にそれだけの財の蓄積があったことを示している」(米山 1989：215)と述べている。1930 年代前半まで、地方に生産拠点が多い生糸が、輸出額の 3 分の 1 前後を占め一貫して第 1 位であり、いわば、製糸女工のおかげで機械や軍艦などを購入する外貨を獲得してきたのである[1]。大正デモクラシーにつながるこの時代は地方都市が独自の発達をした時代であった。

(2) 官僚たちが目指した理想の「田園都市」

①「都会の生活はすべて闘争なり」

　井上友一、生江孝之ら内務省地方局有志編『田園都市』(1907 年) は、「わが邦田園生活の精神」(上) (中) (下) という巻尾の 3 つの章で日本各地の "地方改良" の実例を紹介している (内務省 1980：346 ～ 410)。その一節にこんな記述がある。「おもうに剛健なる精神は健全なる家庭に宿り、健全なる家庭はつねに整頓せる住居の中に形成せらる。されば良民をつくるみちは、まず家庭を改良するにあり。家庭の改良はまた実に住居を斉うるをもって第一義とす。これ古来いずれの国にありても、もっとも家屋の改良に腐心したるゆえんなり。ただ従来はもっぱら衛生の見地よりして、これに注意したりしに、いまは進んで国民の風化[2]を進めんとの見地よりして、同じくこの事業に用ゆるもの所在ようやく多きを致せり」(内務省 1980：99)とあり、住居や住環境の改善は、病気の予防など衛生面だけでなく、道徳心の向上や精神的な安定につながるという居住福祉的な発想が見える。

　『田園都市』が「手本」にしたのが、英国人エベネザー・ハワード著『明日の田園都市』であった。資本主義の中心として繁栄する英国は、産業と人口の集中による公害や劣悪な住環境など都市問題に苦しんでいた。問題解決のモデルとして 1903 年に建設されたのが田園都市のニュータウン「レッチワース」であるが、内務官僚らは、単に西洋の「まね事」に満足していたわけではなかった。「都会の生活は、二六時中を通じて、すべて闘争の生活なり。欧米の都市にありては、ことにはなはだしきものあり」(内務省 1980：27)と批判し、日本における、市民が資金を出し合ってつくる組合方式や篤志家によ

る貧民救済や仕事づくり、地域おこし活動など「至醇なる自治」（内務省 1980：399）に基づく事例を巻尾の 3 つの章で取り上げた。

②「文化の画一化」に反対した内務官僚

後輩の官僚にも、井上友一らに影響されて国家主導の文化の画一化に異議を唱える者がいた。与謝野晶子・寛夫妻、石川啄木、高浜虚子、阿波野青畝らと交流した歌人・俳人で、佐賀、和歌山、熊本 3 県の官選知事を務めた奈良県出身の藤岡長和（1888 〜 1966）である[3]。

1914 年に同省地方局に入庁した藤岡は、初任地愛知県で雑誌『愛知青年』に「農村雑感」（2 巻 1 号、1916 年 1 月 15 日、13 〜 16 頁）という一文を寄せている。国の模範村選奨制度を、各種団体の会則規約を 20 くらい登載すれば「全く模範村の道具立ては完成する」として批判し、「吾人（私）は煩雑なる成文規約の出現を呪詛すると共に、画一主義の民育方針をも排斥する。醇素可憐なる田園の里謡を農村の子女から忘却せしめて、無味乾燥なる鉄道唱歌の類を山村水郭に輸入したのは此徒であった。幾多の歳月と四囲の山水風土によって醸成せられた地方地方のローカルカラーを惜気も無く煤煙臭い灰色の一刷毛を以て塗抹し去ったのも此徒である。吾人は飽くまでこの種の唯物主義的功利思想の跋扈を阻止して、理解ある農村先覚者の共に附し、意義ある農村自治の確立を自家の使命として戦いたい」と述べている（神野 2019：60）。「此徒」とは、信念なくして表面のみを糊塗する形式主義に陥りそれで事が終わったとする輩を示唆したものである。

(3)「戦勝ムード」から場当たり的住宅政策へ

だが、『田園都市』が発行された 1907 年は、日露戦争終結の 2 年後であり、当時の国民は「戦勝ムード」に酔いしれ、軍事国家への道に踏み出そうとしていた時期であった。地方局有志の官僚たちが描いた国のあり方はその後の日本の主流になりえず、かれらの提案は、国家像としてではなく、次々生じる社会矛盾への対症療法としか扱われなかった。

第 1 次世界大戦中（1914 〜 18 年）、欧州が「総力戦」の戦場となる間、日本

の工業生産は飛躍的に伸びた。戦後は、欧州経済の復興による「戦後恐慌」
(1920年)、関東大震災(1923年)による「震災恐慌」、金融恐慌(1927年)、世界
大恐慌(1929年)と次々見舞われるものの、その間も造船業を核とした重工業
を中心に工業生産は拡大を続けた(白井1974：13)。

　そうした経済成長は、大正デモクラシーの物質的な基礎を築く一方で、農
村から都市への人口集中の激化として現れ、住宅不足や家賃高騰などの住
宅問題が発生した。「米騒動」(1918年)を契機に社会不安への対応として、社
会的救済の政策が行われることになり、内務省に社会局が設置され(1920年)、
借地借家法の制定(1921年)、関東大震災後の同法改正、借地借家臨時処理法
(1924年)や不良住宅地区改良法(1927年)も制定された。こうした立法は、借
家権や借地権を保護するなど画期的なものであったが、社会情勢に対応し震
災による混乱の収拾を目指した場当たり的施策でもあった。

(4) 大阪市長関一の理論と実践

　大阪市長関一(1873～1935年、市長在任1923～35年)はハワードの「田園都
市論」を批判し、「人口3万、5万以下の自給自足の小都市を建設して現在の
大都市を不必要ならしむることは不可能であり、都市計画も田園郊外の発達
も決して等閑視することはできない」(関1988：108)として、同市の「田園郊外」
を区画整理の方法で都市開発し、「大大阪」を築いた人物である。しかし、関は、
ハワードの田園都市論が、従来の大都市の無限膨張を礼讃する議論を抑えて、
都市と農村を視野に入れた地域計画の理論と運動につながる「新精神」を与
えたと評価した。

　英国の都市計画については、フランスのナポレオン3世統治下のパリで行
われた中央集権的主義に基づいた大都市中心部の改造といった考え方にとら
われず、保健政策に主眼を置いたとし、「英国では住宅問題を離れて都市計
画を説くことが出来ない。……市民に愉快に健全なる『ホーム』を与へるこ
とを目的として居る」(関1988：112)と高く評価した。

　実際、関一市長時代の大阪市は、我国初の分譲住宅(市営月賦住宅)の「北
畠住宅」(1926年)など大阪郊外の良好な住宅街の開発を行った。しかし、関

が懸念した「大都市の無限膨張」は、太平洋戦争後の日本の経済社会の基調
となった。

　世界大恐慌が日本に及んだ「昭和恐慌」(1930 ～ 31 年) では、都市は失業者
があふれ、主力輸出産業だった養蚕が生糸価格の低落で打撃を受けるなど農
村の疲弊も深刻であった。1920 年代から 30 年代にかけての「恐慌と不況の
連続は、政府・日銀による大々的な救済インフレ政策を不可欠とし、経済の
全般的混乱を阻止するための国家の政策的介入が継続的に行われ」(長 1974：
345)、国家が国民の生活全般への統制を強めることになった。

2.　日本的都市・住宅政策の形成と定着

(1) 戦時体制下、厚生省主導の住宅政策

　①無視された『天災と国防』の警告

　科学者であり随筆家であった寺田寅彦が『天災と国防』を書いたのもこの
ころである。書き出しは「『非常時』というなんとなく不気味なしかしはっき
りした意味のわかりにくい言葉がはやりだしたのはいつごろからであった
か…」。函館の大火、北陸の水害、そして近畿地方大風水害(室戸台風) など
1934 年 1 年間の天災だけの被害の甚大さを取り上げ、「国際的のいわゆる『非
常時』は少なくとも現在においては無形の実証のないものであるが、これら
の天変地異の『非常時』は最も具象的な眼前の事実としてその惨状を暴露し
ている」(寺田 1948：56) と、実体不明の国防より現実的な天災への備えの重
要性を説いている。

　「国家の安全を脅かす敵国に対する国防策は現に政府の間で熱心に研究さ
れているであろうが、ほとんど同じように一国の運命に影響する可能性の豊
富な大天災に対する国防策は政府のどこでだれが研究しいかなる施設を準備
しているかははなはだ心もとない」(寺田 1934：64) と、天災に対する研究態
勢の不備を批判した。しかし、寺田の警告や批判はほとんど無視され、結果
は、無謀な戦争への突入となり、東京、大阪をはじめ日本の多くの都市への
「空襲」、そして広島、長崎への原爆投下に至ったのである。

②社会局住宅課の創設

満州事変(1931 年)を経て戦時体制の色彩が強まるなか、1938 年には、内務省の衛生局と社会局が独立して厚生省が設置され、翌 39 年には社会局住宅課ができた。1934 年に内務省に入り、住宅課設置とともに配属された加藤陽三(後に防衛事務次官、衆院議員)は、「(それまで)住宅行政そのものはあったし公営住宅もあったが、それも一部の困った人々に対する援助という考えが大きく、住宅行政は主として社会事業の立場に立っていた」が、「(日中)戦争の影響で人口が都会に集中して都会の住宅難が起こる。もうひとつは軍需工場がどんどん建ち、労務者の住宅がなくなった」(大本 1991：7)ことへの対応策であったことを証言している。39 年の地代家賃統制令もこうした情勢を踏まえたものだった。

③日本的住宅政策の原型の形成

大本圭野は、こうした戦時期に「日本的住宅政策の原型が形成され」「統制経済の一環として」展開されたと見る。その特徴を「第一には官僚主導により上から政策形成がなされたこと、第二に、住宅政策の性格として、戦時生産力政策への従属性あるいは労働力政策的性格が強く、国民の住宅を向上させていくという社会政策的要素の乏しい政策内容であったこと、第三には、政策は、中央政府が中心となって住宅計画、住宅資金、住宅資材の三部面の計画的統制を行なうという中央集権的なものであったこと、さらに第四には、国家による住宅の直接供給という重点施策においても資金運用部資金を利用した持家や社宅等の分譲住宅が中心であり、生産力拡充政策の中で住宅は重要な政策であったにもかかわらず、住宅への国家資金の投入はきわめて少なかったこと」、であるとする。「根本には住宅の個人による自助努力＝ self-help 思想が存在し、それを脱却していない」(大本 1991：852)と総括し、それらは戦後の住宅政策にも引き継がれ、思想的源流になったとみている。

(2) 住宅政策は建設省所管へ

①分権的・福祉的「厚生住宅法案」の挫折

　太平洋戦争終結後、厚生省は当初、「引揚者住宅」の建設など住宅政策に重要な役割を持っていたが、「厚生住宅法案」の挫折が、建設省主導の住宅政策への転機となった。1951 年の通常国会には、厚生省の厚生住宅法案と同時に、建設省 (1947 年に建設院として設置。現国土交通省) の「公営住宅法案」も提出され、それぞれ衆院厚生委員会、建設委員会で審議された。結局、公営住宅法が成立し、国会審議の過程で遅れをとった厚生省は住宅行政から撤退することになったからである。当時厚生省社会局生活課長補佐で厚生住宅法案の立案者の一人だった越田得男は、「厚生住宅」について「すべての計画を県民生 (厚生) 部が主管し、地方の社会福祉審議会というところに諮り、家賃等もそういうところに相談して決めて、それから入居者選定や、入居後の生活指導も民生委員やケースワーカーがやる」(大本 1991：306) というのが特徴だったという。その内容は、地方分権的で、今の「居住福祉」の柱である「居住支援」という考え方に近い。

②治安対策として成立した公営住宅法

　公営住宅法を成立させた建設省の考え方はどうであっただろうか。当時建設省住宅局住宅建設課長補佐だった尚明は、戦後の住宅政策が「戸数主義」に走った理由を「いい住宅を建てることのみが住宅政策ではなくて、その間に国民が非常に不満をもったり、住宅を中心にして大ストライキを起こすとかの社会不安が起きないように解決できれば、住宅政策は成功なんです」(大本1991：331) と述べている。さらに、「戦後の復興の手順については、日本はヨーロッパと比べてかなり特殊な事情」があったという。日本は治水対策が不十分で台風が来ると全国各地で河川災害が起きる。ヒットラーはアウトバーンをつくったが、日本の道路は急速な工業化に対応できるようになっていなかった。尚は「ドイツなどは終戦後から住宅を重点にやっていたのに、日本はなぜそうならなかったかは、それ以前の公共施設の不備の問題があまりにも大きかった。(中略) たとえば国会論議でも河川や道路をもっと整備しろと

いう話が多くて、住宅の話は強く出てこない」(大本 1991：340) と証言している。

3. 高度経済成長と都市政策の思想

(1) シビル・ミニマム

①地価高騰とベースアップ

戦後の経済成長は、道路など産業基盤の整備を優先したことで実現した。ただ、農村や地方からの大都市圏への人口集中に伴う住宅需要を背景に地価や家賃の高騰、生活環境の悪化といった都市問題が発生した。地価が高騰すれば、勤労者のマイホームの資産価値が高まり、企業にとっても高い地価の土地を担保にして設備投資の資金を得ることができる。大都市圏の住民たちは、毎年「賃上げ」があることを前提に住宅ローンを組むことが、有効需要の創出となり経済成長を促進する。

それは、終身雇用制による大企業中心の賃金の「ベースアップ」や社宅などの企業福祉の恩恵を受ける層にはあてはまるが、その一方で、木賃アパートや文化住宅など狭小で生活環境も劣悪な木造民間賃貸住宅が密集する地域が大都市圏の各地に出現したのである。欧州からは「ウサギ小屋」と揶揄され、災害に対しても危険な住宅群であり、地方から出てきた若者層だけでなく、中小企業などで働く低賃金の労働者層が数多く住んでいた。「戸数主義」に偏った公営住宅も住居として狭小なものが多かった。

そればかりではなく、スプロール化による大都会の肥大化と災害の危険度の増大、緑の喪失、子ども遊び場となる公園不足、公害、通勤地獄、老後保障の欠落、保育所や高齢者施設の不足といった生活条件が悪化する問題も指摘されるようになった。

②「生活権」の問題を解決するための政策科学

そうした問題を解決するための「政策科学」として名乗りを上げたのが、政治学者松下圭一(1929 ～ 2015、法政大学教授など歴任) が提唱した「シビル・ミニマム論」であった。松下は「工業先進国における生活の社会化の進行によって、

〈都市〉がいわゆる農村を含めて全般的生活様式になった今日、賃金ないし個人所得の上昇のみでは、もはや私たちの生活全体の条件整備すなわち市民福祉の実現をみることはできない」と指摘し、「生活権としてのシビル・ミニマムの整備」(松下 1973：8)を訴えた。具体的には、歩道橋、高齢者・障がい者・児童などの福祉施設、都市公園、上下水道、地下鉄、公営住宅などの個別政策課題ごとの目標値(公準)を掲げた一覧表のついた自治体計画を策定し市民に明示するという手法である。それを主導したのは東京都(美濃部亮吉知事)、大阪府(黒田了一知事)、横浜市(飛鳥田一雄市長)などの「革新自治体」であった。

③都市問題解決のための「処方箋」

松下の「処方箋」はこうである。

「今日の日本の国レベルにおける政策課題の中枢は、市民・自治体レベルのシビル・ミニマムにシンクロしうるナショナル・ミニマムの基準を明示し、それを具体的な都市ないし国土の空間構成へとシステム化しながら国民生活を再編していくことにほかならない。したがってあらためてここで国民生活の構造連関を問いなおし、国の誘導戦略の転換を追求しなければならない。

それは、ヨコの市民間・自治体間、タテの政党間の国民的な討論手続きによる(1)市民参加を推進する分節民主主義の制度造出(自治権の拡充)(2)ナショナル・ミニマムの実現を直接課題とする経済計画(国民的富の再配分)(3)生活空間の最適化を指向する国土計画(産業構造・配置の転換)の樹立である。

しかもそれは抽象的にではなく、①公害・自然破壊の防止のための緊急政策の提起②社会保障の現行基準の早急の改訂と公営住宅の大量供給③土地・物価をめぐる抜本戦略の構成④社会保障・社会資本・社会保健の地域的整備のための自治体の行財政権の拡充⑤市民福祉関連の専門家の大量養成⑥都市科学への研究態勢の強化をふまえて討論すべきであろう」(松下 1973：26)。

(2) シビル・ミニマム論の限界と革新自治体の後退

①宮本憲一のシビル・マキシマム論

シビル・ミニマム論は、人口・産業の大都市集中や、遠距離通勤やマイカー

の取得、大量のごみを出す消費生活など「都市的生活様式」を前提とした「市民自治」であるとすれば、そうした問題を解決するために高速鉄道網や道路、清掃工場の建設など財政支出が膨大にならざるを得ないという矛盾を抱えていた。やがて、不況期に入ると、東京都などは財政赤字に陥り、1970年代の終盤になると革新自治体は相次いで後退した。

大阪市立大学教授などを歴任した財政学、地域経済論の研究者宮本憲一(1930～)は、シビル・ミニマム論を、地域の雇用や労働に結びつく産業政策が欠落していると批判し、「いまの都市化を放任してシビル・ミニマムを達成するよりは、集積利益を独占し、集積不利益を放任する現在の資本主義を規制する公準を先につくった方がよい。大都市化やドーナツ型の広域化現象を抑制して、社会的生活条件については、シビル・ミニマムよりはシビル・マキシマムを要求した方がよいかもしれない」(宮本1982：144)と提言した。

宮本は、都市住民を主体とする「環境保全、福祉、文化を総合したような地域開発」の創造を提唱した。例えば、米国インディアナ州の人口3万5千人の小都市コロンバス。図書館や老人ホームなど個性美あふれる公共建築物、子どもの遊び場や美術展示場などの広い公共空間を持つスーパーなどが、この町を観光都市として発展させた。日本でも、岐阜県南木曽町の妻籠宿が、伝統的な町並み景観を住民主体で再生保存し「金もうけ本位の観光にならぬよう」心がけたことを成功例とした(宮本1982：150)。

そのまち独特のセンスなどの魅力が高い付加価値を産み、「小さな創意」の積み重ねが大切だと宮本は言う。それは、『アメリカ大都市の死と生』などの著作で知られる都市研究家ジェイン・ジェイコブズが唱えた、臨機応変の改良を意味する「インプロビゼーション」(ジェイコブズ1986：66)に通じる考え方である。

②都市経営論の台頭と失敗

1980年代に浮上したのは、神戸市の宮崎辰雄市長(1969～89年在任)らが主導した「都市経営論」であった。「最小の費用で市民の共同生活条件をつくりあげる」として、「都市自治体が公共デベロッパーとして進出し、土地先行

取得、開発利益の自己還元、公共施設整備を図っていくことこそ都市経営の使命の一つである」とし、「開発者負担として整備された施設は、一般財源を使うことがないので財政圧迫要因とはならない」(高寄 1985：43)と考え、日本各地で都市開発が盛んに行われた。しかし、それは、戦時期から戦後の高度成長期にかけて日本の支配的な考え方の延長上にあるものであった。

　結果は、自治体による公有地の先行取得が本来の役割であった土地開発公社による土地買い漁り、国の景気対策と連動した都市再開発や新都市開発事業、文化会館などのハコモノ建設などに財源を振り向ける傾向を強くした。

　しかし、1990年代前半にバブル経済が崩壊すると、そうした公共投資は結局、過剰投資だったことが明らかになる。例えば、利活用の見通しが立たず金融機関に支払う利息ばかりが膨らむ"塩漬け土地"や、キーテナントが撤退し空き店舗だらけの再開発ビル、維持管理費の負担に耐え切れず閉館に追い込まれた文化会館といった「財政のムダ」が顕在化し、財政危機に陥る自治体が続出したのである。

4. バブル崩壊後の閉塞状況と居住福祉

(1)「出世主義」が産み出したもの

①住居改善を要求する運動はなぜ起こらないのか？

　経済のグローバル化で新興国の工業発展が著しくなり激しい国際競争にさらされるようになった大企業はコストダウンやリストラにより人件費を引き下げて利益の最大化を図った。しかし、その利益は海外投資や内部留保に多く回され、製造業を中心に産業構造の空洞化が進んだうえに人口の高齢化が重なり、日本経済の活力は低下し、国民の間の格差は拡大し続けている。

　早川和男(1931～2018、神戸大学名誉教授、日本居住福祉学会名誉会長)は『住宅貧乏物語』で「確かに日本人の住宅は貧しい、とだれもが思っている。だから世論調査をすると、住宅問題はいつも解決したい項目のトップグループに入る。しかしそれでは、政府に強力な住宅政策を要求する運動が起こったことがあるかといえば、まったくない」(早川 1979： i)と嘆いた状況が現実

であり、国民の間の「景気がよくなってほしい」といった漠然とした期待感により、こうした問題提起の声はかき消されてしまうのである。

②集権的成長政策の基盤にある「ムラ政治」

前出の松下は、政党・官僚・知識人たちの「出世志向の体質」という「資本主義体制一般ではなくその日本的問題点」に原因を求めた。「国レベルの論争が保守・革新を問わず市民の拠点の地域生活から逃亡した出世指向の体質をもつ政党、あるいは官僚・知識人によって討論されたとしても、それは市民自治ないしシビル・ミニマムの模索とはなりえなかったのである。あらゆる政治は小単位規模の原型をもっている。大規模単位の政治は小規模単位の原型の積分的統合にすぎない。底辺のムラ政治が今日までの明治的官僚主義を前提とする集権的成長政策の基盤だった」(松下 1973:27)と指摘した。

政治学者神島二郎(1918～98、立教大学名誉教授)もまた、日本の近代の特質を「出世主義というたてまえが広範に受け入れられ機能してきた」と見る。「出世主義的な民主化」が広がることで、「人々の積極的な意欲、エネルギーの開発が活発に行なわれ、それが社会、経済の急速な発展として具現化してきた」とする一方、「同時にこの出世競争における失敗や没落は単に個人的な屈辱として処理されざるをえなかったので、結局そういう脱落者の問題は社会の底辺に淀んでいるだけで、実際には問題として表面には浮び出ない」(神島 1972:202)と弊害の大きさを指摘した。いわば、「公共住宅を建てて欲しい」と要求するような輩は、出世競争に脱落した落ちこぼれた者とみなされ、自助努力によって所得を上げ、一戸建て持ち家に住むのは「男の甲斐性」(ジェンダーそのものだが)というわけである。

経済成長が続くうちは、出世のポストが増え続け、出世や目先の成果にこだわらない者も「出世」でき、企業も地道な努力をする従業員を厚遇する余裕もあったが、経済が行き詰まると企業も自治体も余裕を失い、出世競争の勝者を目指した、上位者への"忖度"が経営を支配するようになった。そこでは、「問題をとことんまでつきつめ、それによってその事態に最も適合した解決を導き出す」(神島 1972:203)努力を怠るようになる。

(2) 「被災者生活再建支援法」を実現させた「市民立法」運動

①震災被災者への個人補償は憲法違反か？

こうした「問題先送り」の傾向をはらんだ構造が、多くの市民の命が失われ、生活の破壊という形で顕在化したのが阪神・淡路大震災 (1995 年) と東日本大震災 (2011 年) であった。阪神・淡路のちょうど 1 年前の 1994 年 1 月 17 日に米国カリフォルニア州で発生したノースリッジ地震では、ＦＥＭＡ (米連邦危機管理庁) が、生活基盤回復のための公的支援として現金を配った例があり、震災被災者らは公的な生活支援を訴えていた。しかし、中央官庁の役人らは「住宅は個人の資産であって国の税金を私有財産の形成に投入することは憲法違反である」として悉く退けた。

ようやく 3 年後の 1998 年 5 月、被災者個人への公的な補償が不十分ながら認められた「被災者生活再建支援法」が議員立法で成立した。それに至る道は平たんではなかった。作家の小田実、早川和男、弁護士の伊賀興一、山村雅治 (芦屋市「山村サロン」代表) の 4 人は 1996 年 5 月、兵庫県庁で「生活再建援助法案」という「市民立法」を発表した。当初賛同した国会議員は 17 人だけだったが、「市民＝議員立法研究会」という勉強会を議員会館で 12 回も開くなど粘り強く働きかけ、全国で集会や署名集めなどの運動を展開し、成立にこぎつけたものである。「支援法」は「市民立法」提案よりかなり後退し、「今後発生した自然災害における全壊家屋のみに 100 万円を援助する」という不十分なものであった。ただ、阪神・淡路大震災の被災者には兵庫県独自の自立支援金が支給された[4]。

② 「マインドコントロールを解きなさい」と言った鳥取県知事

「国の税金を私有財産の形成に投入することは憲法違反」という観念は、同法成立後も中央官庁を支配し続けたが、鳥取県西部地震 (2000 年) では、片山善博鳥取県知事は地震発生 11 日後、住宅再建に 300 万円、修理に 150 万円を援助する措置を行なう「住宅再建支援制度」の創設を発表した。中央官庁の役人は違憲論を根拠に反対したが、片山は、「むしろ憲法 25 条には基本

的人権の尊重とある。住宅支援がいけないとは何条にある？」「どうかマインドコントロールを解いてください」とハッキリ言ったのである（片山 2006：23）。

　「支援法」もその後は徐々に充実し、東日本大震災では、約 19 万世帯に基礎支援金（大規模半壊以上の被害に対し）1 世帯 100 万円（1 人世帯はその 4 分の 3）、住宅再建に対して同 200 万円（補修は 100 万円など）が支給され、総額は 2945 億円（2014 年 6 月末現在、必要総額は約 4,000 億円と予想されている）である。さらに岩手県や宮古市大船渡市などが支援金を上乗せし 1 世帯当たりの支援は 600 ～ 700 万円になった（塩崎 2014：118）。

　「違憲論」は「財政支出が膨大になる」が根拠の一つだったが、「市民立法」運動の当初案（全壊家屋 1 世帯 500 万円、半壊同 200 万円、一部損壊同 50 万円）で阪神淡路大震災の場合を試算しても総額 1 兆 1 千億円（「そして届かぬ「公的支援」」神戸新聞 1997 年 12 月 13 日付）。東日本大震災では、25 兆円という復興予算を全体と比べても 4,000 億円という必要額はその 2％にも達しない。現状の基礎・加算支援金の合計 300 万円を 500 万円に引き上げても 6,800 億円にとどまる（塩崎 2014：122）。

(3) 政治を支配する「天下国家主義」

　①阪神・淡路大震災よりオウム事件に関心が向く

　「市民立法」運動の実働部隊「公的援助法実現ネットワーク」の中島絢子代表は「国会議員以上に理解してもらえなかったのはマスコミ。震災発生後の 1995 年 3 月、オウム真理教による地下鉄サリン事件が勃発してマスコミの関心もそっちに向かい、阪神・淡路大震災のことなど一地方のマイナーな災害のように扱われるようになった」と話す[5]。

　神島二郎は、こうしたマスコミや政治家の姿勢を「天下国家主義」と名づけた。「わが国においては、政治は大多数の住民の日常生活——衣食住には関係がないもの」「政治といえば、中央政府がやることか、中央の国会における争いであるか」「地方住民の政治でも、中央で問題にされ中央で争われるのでなければ、政治ではないようにおもわれてきた。つまり、そこでは

"天下国家の大事" でなければ政治ではない」「戦後の大きな変化は、中央の都会があまりにも膨大となり、大政治のおこなわれるただ中に、大政治に参与すべくもない人びとがまた膨大化し、大都会のはなやかさにおしつぶされる生活のみじめさが、あまりにもするどいコントラストをなして露呈されてきたことである」。新聞も「大政治であることと対応している」（神島 1972：168、169、171、172）ため、「判断する手がかりを住民は自分自身のうちにもっていない」ことになり、「すべてを決定するのは、モヤモヤした "大勢" であり、ムードである。そしてそれを左右するのは、この国民社会全体にたいして責任をとらない、本来的に無責任な力——外からの力であるばあいが多い」（神島 1972：165）という分析である。

② 「小政治」は「大政治」の縮小版か

「市民が政治を動かす」どころか、実際の政治は、震災の痛手に苦しむ市民を置き去りに「復興事業」を強行する「大政治」が跋扈するのが現実である。身近な問題に取り組む「小政治」は結局、「大政治」の縮小版にすぎなくなり、市民は政策の是非を判断して決定するということができない。

　例えば、阪神淡路大震災では、"焼け野原" になった被災地 233 ㌶に対し、神戸市はすばやく建築基準法による建築制限をかけ、1 月 17 日から 2 ヵ月も経たない 3 月 14 日には市街地再開発事業や土地区画整理事業の都市計画を決定した。住民はまだ混乱状態にある時期である。「神戸市の西の副都心に生まれ変わって発展する」が謳い文句だった新長田駅南地区の再開発事業（20 ㌶）は空き店舗ばかり目立つ「シャッター街」となり、高額な管理料を支払う商業者の経営を苦しめる結果となった。

　いまや巨大な商業施設で華やかな商品や人目を引くサービスを売ったり、自動車や電化製品、住宅・マンションといった耐久消費財の販売競争に血道を上げたりすることで成り立ってきた消費文化も、機械化・情報化などの省力化（人減らし）で競争力を高め利潤の極大化を目標とする企業経営も、巨大な開発事業で都市の「生き残り」を図ろうとする中央（国）・地方政府（自治体）の「成長戦略」も行き詰まりつつあるのである。

5. 蔓延する社会的不効率

(1)「集積の利益」と「集積の不利益」「分散の不利益」

①何事も東京中心に動く

　早川は「空間価値の分配と負担の問題は、地域空間の相互関係の問題でもある。……この問題を空間的にみると、都心部はもっぱら資本による利潤追求のための空間として利用されている」「大都市中心部の土地が現在のように高地価になりうる理由のひとつとして、集中によって激化される交通渋滞、労働者輸送能力の破産、工場用地や水の不足、住宅不足等々の都市機能のゆきづまりと外部不経済は企業の負担とならず、公共投資がカバーし、集中に伴って発生するといわれる集中の不利益がいつまでたっても集中を促進するものにとっての不利益として反映しない」(早川 1973：10、15) と指摘したが、こうした状況は今日もほとんど変わっていない。

　東京を例にとれば、情報の発信力が東京に集中し何事も東京中心に動くようになった。中央官庁のみならず、広告・宣伝、流行、学問、文化、マスコミに至るまで東京がヘゲモニーを握り、企業はそのヘゲモニーを利用すれば、最も効率的に収益をあげることができる。地方にある有力企業も作家や学識経験者などの文化人にとっても「東京で認められた」ことが不可欠であり、東京に「まつろわぬ民」が地方に出現するのは許されないのである。地方に住み一定の所得さえあれば、広い住居や良好な生活環境を享受できるのに、東京に集められた人々は、狭小で高価な住宅に住み、交通機関やリクレーション施設でとてつもない混雑という「集積の不利益」を経験する。問題を打開するために鉄道新線や高速道路を建設する公共投資が行われ、さらなる集中を呼びこむ構図である。

　高い住居費や保育所の不足は、若者の結婚に影響し少子・高齢化に拍車をかける。都市の膨張に合わせた都市再開発やニュータウン開発は住宅のスクラップ・アンド・ビルドを促進し、それらは地方にも悪影響を及ぼしコミュニティや歴史的な町並みを破壊した。

②「ムダの制度化」

　本来、「経済がうまく回っている」状態とは、人々の幸福にとって必要な
個所に人力や資源、資金が投入され、それが社会的資源となって生産が行わ
れたり、サービスが提供されたりすることで人の幸福を実現するための需要
が満たされることである。GDP は経済学的には「国民の幸福の総和」として
捉えられているが、これは大きな矛盾をはらんでいる。

　都留重人はかつて、米国の膨張する軍事費、広告宣伝の効果によるムダな
買い物などを指して「ムダの制度化」(都留 1959：30) と名付けた。ムダが大き
ければ大きいほど GDP は増大するからだ。それに匹敵する現象が日本を覆っ
ている。

　そのなれの果ては、不動産資本が「資産価値のある商品」として住宅を大
量に国民に買わせた結果、膨大な量の空き家が発生し、大都市への人口の集
中は過疎地を拡げて遊休農地や山林の荒廃という「分散の不利益」をまき散
らしている。バブル崩壊で開発事業が頓挫したで大量の“塩漬け土地”を自
治体が抱えているのもその結果であり、地方財政を圧迫し、市民サービスの
低下に結びついている[6]。

　例えば、自家用車が無いため買い物にも行けない“買い物難民”の高齢者、
保育所が足りないため子どもの預け先を遠くまで探す女性たち、介護施設が
足りないため仕事を辞めて親や配偶者の介護に掛り切りになる男性たち、「都
市再開発のために立ち退いてくれ」と言われて“終の棲家”から追われる住民
……。こうした市民に対する救済を国や自治体ができなくなっている。

　本質的に人々の幸福につながらない (「享楽」にはつながるが) 投資や消費
は、財政赤字として蓄積され、人々の幸福に直接結びつく教育や福祉への資
源配分を阻害し、次第に「真の経済成長」のマイナス要因となっていく。そ
ればかりか、経済社会全体を「不効率」にして国際競争力に悪影響を及ぼし、
GDP の成長をも阻害すると考えられる。「失われた 30 年」とはそうした現象
である。

③「生活の記憶」や「時の試練」には生産性がある

　モノの生産には空間が必要であり、情報の多くも空間から得ることが多い。限られた空間の中では、生産と同時に廃棄が行われる。都市における「土地の有効利用」は同時に、それまでそこにあった建物を廃棄することになり、その建物に関わった人間の営みが終わり、それに関係する多くの情報も失われることになる。そうした生活の記憶を失うことが人々の幸福につながるのかどうかは慎重に考慮されなければならない。

　例えば、伝統的な町並みを形成する築100年の町家を取り壊してマンションを建設すれば、敷地面積に対し多くの居住面積を生み出す点では効率的である。しかし、それは町家に付随する人の営みを消し去り、また町家を建築し維持管理する大工や左官、経師などの技術・技能の衰退にもつながる。「文化的収奪」と表現してもよいだろう。新しい建物が100年以上もつという証明もなく、歴史的な検証を経て「時の試練」に耐えてきたモノを簡単に捨て去ることが真の「生産性」に結びつくのかを問いなおす必要がある。

　寺田寅彦は「昔の人間は過去の経験を大切に保存し蓄積してその教えにたよることがはなはだ忠実であった。過去の地震や風害に堪えたような場所にのみ集落を保存し、時の試練に堪えたような建築様式のみを墨守して来た。……大震後横浜から鎌倉へかけて被害の状況を見学に行ったとき、かの地方の丘陵のふもとを縫う古い村家が存外平気で残っているのに、田んぼの中に発展した新開地の新式家屋がひどくめちゃくちゃに破壊されている」（寺田1934：61）と、文明の「進歩」に慎重であった。巨大地震や巨大台風への備えでは、寺田の警告を無視したツケとしてとてつもない損失を被る可能性がある。

おわりに

　「居住福祉」に類する思想は、近代日本の歴史の中で幾度も提唱されてきた。しかし、戦後は、「経済成長」があらゆる問題の解決策と信じる人たちが日本の経済政策や国土政策を主導してきた。それらの政策が大きな「社会的不効率」を産み出していることを認識すべきである。

　居住福祉学は、人の幸福に関係する問題すべてを射程に置き、生活文化の隅々まで考察の対象とする学問である。労働コストを減らして生産効率を高め、利潤追求をもっぱらとし、廃棄物の大量発生も厭わない従来型のフロー重視の経済発展から、人間の能力を大いに活用し、歴史的に蓄積された「居住福祉資源(社会的ストック)」を大切にする社会へ転換を図ることが居住福祉学の使命である。それが、社会全体を活性化させ経済的にも好循環を産むことになるからである(神野 2009：5、6)。企業経営も、住民や地域社会の福祉向上を第一義として社会的信用を高めることによって持続可能な「居住福祉産業」(鈴木 2013：4)への転換を求められている。「市場原理」は、商品を購入し支払った貨幣の量のみを人の幸福の尺度とし、それ以外は「価値判断が伴う」として捨象してきた。「人の幸福」の意味は「経済」という一面だけをではない。民俗学や人類学を政策科学としての「実学」と捉え、「近代産業社会」の市場原理などが基本にある経済学や法学を根本的に問い直すパラダイムの転換という使命を居住福祉学は担っている。

注

1　日本長期統計総覧など明治以降の本邦主要経済統計を資料とする「社会実情データ図録」の「主要輸出品の長期推移─輸出総額に占める構成比の推移(1868〜2016)」によると、1930年代前半までは、変動はあるものの生糸が輸出の3分の1前後と一貫して第1位。1895年ごろまでは茶が第2位となるなど、地方の生産物が資本主義勃興期の輸出を支えていた。その後は、綿糸、綿織物の輸出も多くなったが、自動車、電子、機械などが主要となった戦後と対照的である。

2　風化とは、徳をもって教化すること(『大辞泉』)。

3　藤岡長和は、和歌山県庁課長時代から民俗学者南方熊楠と書簡のやりとりをするなどして交流し、兵庫県庁課長時代には社会運動家の賀川豊彦の社会福祉事業「イエス団」を支援。熊本県知事時代には、ハンセン病施設「菊池恵楓園」に赴いて入所者とともに句会を開いた人物である(奈良まちづくりセンター「平成30年度文化庁助成　奈良町の歴史・文化遺産を活かした地域活性化事業(奈良モノ語り調査)報告書」奈良まちづくりセンター、2019：20、松岡ひでたか『藤岡玉骨片影』NPO法人うちのの館、2010: 84)。

4　市民＝議員立法実現推進本部＋山村雅治『自録「市民立法」』藤原書店、1999を

参照した。

5　公的援助実現ネットワークは 1997 年 4 月結成。現在も神戸市を拠点に活動している。中島の話は、神野が直接、聴き取った。

6　1990 年代のバブル崩壊後の日本の土地の状況は、耕作放棄地は 28.3 万㌶と日本の全耕地の 6.4％（2017 年度農水省「荒廃農地の発生・解消状況に関する調査」）、所有者不明土地（登記簿上で所有者の所在確認ができない）は国土の約 20％（「2016 年度所有者不明土地の利用の円滑化等に関する特別措置法案報道発表資料」）。木材価格の低迷で手入れが行われなくなった放置林の問題も深刻である。

　　自治体や土地開発公社等が抱える“塩漬け土地”等関連の借金を一般会計からの繰り入れにより時間（返済期間 10 年、20 年など）をかけて返済するために発行する「第三セクター等改革推進債」は 2009 年度〜 16 年度実績で総額 1 兆 826 億円（「第三セクター等改革推進債の概要」総務省ホームページより）に達する。

　　例えば、全国で 2 番目に第三セクター等改革推進債（2010 年度と 12 年度に起債）が多い奈良市は、宅地造成事業費特別会計や土地開発公社等の廃止や一部廃止などで総額 197 億円を達する。それを 10 〜 20 年かけて一般会計から返済しているため、市民へのサービス低下は避けられない。

参考・引用文献

Howard, Ebenezer *Garden Cities of Tomorrow*, London: Swan Sonnenschein & Co, 1898 ＝長素連訳『明日の田園都市』鹿島出版会 SD 選書、1968

Jacobs, Jane *Cities and the Wealth of Nations: Principles of Economic Life*, New York: Random House, 1984 ＝中村達也訳『発展する地域 衰退する地域』ちくま学芸文庫、1986

大本圭野『証言　日本の住宅政策』日本評論社、1991

片山潜『都市社会主義』社会主義図書館、1949（初出 1903）

片山善博『住むことは生きること』東信堂・居住福祉ブックレット 11、2006

神島二郎『常民の政治学』伝統と現代社、1972

塩崎賢明『復興〈災害〉』岩波新書、2014

白井泰四郎「関東大震災から金融恐慌へ」『昭和恐慌』（隅谷三喜男編）有斐閣選書、1974

神野武美『「居住福祉資源」の経済学』東信堂・居住福祉ブックレット 18、2009

神野武美『藤岡長和の思想と理想』『平成 30 年度奈良の歴史・文化遺産を活かした地域活性化事業報告書』公益社団法人奈良まちづくりセンター、2019

鈴木靜雄「新しい日本国土再生にむけ、居住福祉産業へ転換せよ」『居住福祉産業への挑戦』（鈴木・神野共編）東信堂・居住福祉選書 1、2013

関一『都市政策の理論と実際』（神戸都市問題研究所編）学陽書房、1988（初出『地方

　　　　自治古典叢書 1』三省堂、1936）

高寄省三『現代都市経営論』勁草書房、1985

長幸男「恐慌からの脱出」『昭和恐慌』（隅谷三喜男編）有斐閣選書、1974

都留重人「資本主義は変わったか」『現代資本主義の再検討』（都留編）岩波書店、
　　　　1959

寺田寅彦『天災と国防』岩波文庫、1938（小宮豊隆編『寺田寅彦随筆集第 5 巻』岩波
　　　　書店、1948、初出『経済往来』日本評論社、1934）

内務省地方局有志『田園都市と日本人』香川健一解説、講談社学術文庫、1980（初出
　　　　『田園都市』博文館、1907）

早川和男『空間価値論』勁草書房、1973

早川和男『住宅貧乏物語』岩波新書、1979

松下圭一「シビル・ミニマムと都市政策」『岩波講座　現代都市政策 V シビル・ミニ
　　　　マム』岩波書店、1973

宮本憲一『現代の都市と農村』新ＮＨＫ市民大学叢書、1982

横山源之助『日本の下層社会』岩波文庫、1949（初出教文館、1899）

米山俊直『小盆地宇宙と日本文化』岩波書店、1989

コラム | **100 年前に置き去りにされた「道」**

　2020 年に始まった「コロナ禍」は 3 年経った 2023 年 3 月 2 日現在、世界全体の感染者は 6 億 7 千万人を超え、死者は 687 万人に達した。日本の累計感染者は約 3 千 324 万人、死者も約 7 万 2 千人である（ジョンズホプキンス大学集計）。それに対し、約 100 年前のスペイン風邪（スペイン・インフルエンザ＝ 1918 ～ 20 年）の死者は、世界全体で 2 千万人から 4 千 5 百万人、日本内地で 45 万人にのぼり、第一次世界大戦（1914 ～ 18）の犠牲者 1 千 5 百万人以上（日本は 415 人）を大きく上回っている。スペイン風邪と比べると、コロナ禍は、医療技術の発達もあって死者数はまだ小さいが、日本では失業や倒産など経済社会的な影響や打撃はむしろ、スペイン風邪を上回っているかのように見える。

　　スペイン風邪後の 1920 年代は「黄金の 20 年代」であった。米国を中心に自動車やラジオなど大衆消費材が普及し、日本も、関東大震災（1923）に遭い経済恐慌を繰り返しながらも、造船など重化学工業が発展し、人口の都市集中が進み、経済や社会構造が大きく変化した時代であったからである。

　しかし、それは、国家中心のイデオロギーが国民を支配し、その後の日中戦争や第二次世界大戦の底流を形成した"軍事化"の時代でもあった。当時の関一大阪市長（在任 1923 ～ 35 年）は「国民の眼は地方自治体に注がれずして中央政府のみに向かった」（「市政調査研究の急務」『大大阪第 3 巻第 4 号』所収、1927 年）と嘆き、本文でも述べたが、一部の官僚たちが提唱した「至醇なる自治」の実現という民生重視ではなかったのである。このような国家主導の生産主義は、高度成長期を経て今日においても日本を支配している。経済効率を求めて人口や企業が集中しメガロポリス化した大都市では、再開発などの巨大な投資が行われ、それがさらなる過密を招き、感染症の蔓延だけではなく、地震など大災害に対し極めて脆弱な構造を内包するようになった。

スペイン風邪とコロナ禍はどこが違う

　スペイン風邪では、マスクの使用、うがいや手洗い、人ごみを避けることが促され、患者が出た小学校や中等学校は休校となった。だが、満員電車や興行（イベント）の規制は行われず、医師らも必死に防疫に取り組んだが、成果はほとんどなかった。（速水融『日本を襲ったスペイン・インフルエンザ』藤原書店、2006）。

　コロナ禍には、様々な科学的な対策が実施されている。ワクチンや治療薬の開発が進み、ＰＣＲ検査で陽性になれば入院や隔離が行われ、重症者には人工呼吸器などの高度な医療が施される。通信技術の発達は、テレワークによって通勤・通学、出張などの人の移動を抑える効果を発揮している。ただ、人の移動制限、飲食店の営業やイベントの「自粛」、企業のテレワークや大学のオンライン授業

化などの影響で、航空機や鉄道の利用は激減し、観光業は壊滅的な打撃を受けた。政府は「持続化給付金」や、旅行や飲食に補助金を出す「GOTO キャンペーン」といった救済策による経済的な打撃の緩和に追われている。

　100 年以上前のスペイン風邪の時代は、もともと日常的に病気で死ぬ人が多く、人々は「防ぎきれないもの」と受け入れていたのかもしれない。それに対し、コロナ禍は、人々の「死にたくない」という思いが、「自粛・休業」という形で現れ、経済・社会に大きな影響を及ぼしたのだろうか。

支え合いの仕組みの再構築を

　コロナ禍の当初、過密な大都市の東京や大阪と人口密度が低い地方との間で感染者数や感染率には差があった。過密都市での感染を恐れ、東京都への人口流入が鈍り流出人口も増えた結果、都人口が減少した時期もあった。大都市は、経済的合理性（「目先」だけだが）を軸とする強力な「磁石」が作用し、人々は狭小な店舗、事務所、住居や高額な家賃も、収入や便利さと引き換えに受け入れてきた。ところが、コロナ禍は、飲食店などに打撃を与え、人と人との密な関係を前提とした都市構造を無残に断ち切った。

　地方は、自然が豊かで密になる環境が少なく、人と人の接触も限定的であり、当初は感染症の脅威もその分小さかったが、感染力の強いオミクロン株の蔓延で、基礎疾患のある高齢者を中心に死者が増え、高齢化が進んだ地方都市や農村部でも大都市と同様な感染状況になった。感染や感染死の疫学的な要因は、単に人口密度によるのではなく、医療体制、高齢化率、気候、家屋の構造など様々な要因が絡み合いきわめて見えにくい。今後の専門家による分析を待つほかはない。

　それでも、個人の「自己責任」や「自助」をあおり、医療体制など「公助」をムダなものとして公的な支え合いの仕組みを削減する新自由主義的な政策が、医療の崩壊を引き起こし、人々を分断し、経済的な困窮に陥る国民を増加させた、と言えないだろうか。

　世界のコロナ死者のデータを見ても、公的な医療保険の体制が脆弱な米国の死者が 112 万人と 2 位のブラジルの 69 万人とともに突出し（ジョンズホプキンス大学発表）、日本国内でも、「身を切る改革」を断行し公的な医療体制を"合理化"してきた大阪府が、都道府県別人口 100 万人当たりの死者数が 926.3 人と全国平均の 555.9 人を大きく上回っている（札幌医大フロンティア研ゲノム医科学部門、2023 年 2 月 7 日現在）。これを偶然と言えるのだろうか。コロナ禍を機に、行政はもとより非営利組織や企業の行動を人権の保障や生活の向上に直結させる仕組みづくりを真剣に考える必要がある。

第6章　コロナ危機に向き合う居住福祉社会
──社会的距離と社会的包摂──

野口定久

はじめに

　世界保健機構（WHO）および日本政府は、今回の新型コロナウイルス感染症において、いわゆる3密（密閉、密集、密接）状態を避け、物理的な社会的距離（Social Distancing）を用いることを提案した。それは、感染を防止するのはあくまで物理的な距離であり、人はテクノロジーを経由して社会的なつながりを保つことができるという概念と一致している。人々の移動や3密状態を減らしながら、経済全体が潤滑に機能して、人々が豊かな生活を享受できる新たな経済社会、コミュニティ（共同体）を築くことが求められる。ここに、COVID-19危機の社会的距離と居住福祉学の社会的包摂という概念の争点が顕在化する。

　いま世界は、領土や宗教の問題による紛争、地震や津波、水害などの自然災害、貧富の格差、地球規模の食料不足や飢餓、温暖化や地球汚染などの環境問題等々、さまざまな脅威が速いテンポで次々に現実化してきており、さらに拡大するかもしれない恐怖に覆われている。これらの諸問題は、極限の欲望資本主義や傲慢な人類に向けて鳴らされている警鐘なのかもしれない。私たちは、もう一度、その警鐘を聞いて立ち止まり、分かち合う経済社会や支え合うコミュニティのメンテナンスに注視する必要がある。本章では、COVID-19危機およびウイズ・アフターコロナの社会メンテナンスの方策として「居住福祉社会の実現」を模索してみたい。

1. COVID-19危機と居住福祉

(1) 感染症抑制と経済回復のトレードオフ

　国や地方自治体による公共政策 (public policy) は、雇用、社会保障（年金・医療・介護）、住宅、教育、公衆衛生、公的扶助、社会福祉サービスなど多様な領域をカバーしつつある。しかし、近年、私たちの身の回りで生じている経済社会の変動は、制度、家族や企業、地域社会に支えられてきた、これまでの生活の一応の「安定」の大変換を迫っている。制度やサービスは多様に用意されているのだが、「制度の狭間」に落ち込んだ人々、家族や企業から切り離された人たちを受け入れるだけのゆとりがないコミュニティには、人種差別批判デモや香港問題などが起こり世界的に閉塞感が蔓延している。さらに福祉問題は、少年犯罪・非行問題・児童虐待等の青少年問題の深刻化、家族や地域コミュニティの扶養能力の低下をもたらしている。家族が孤立し、家族構成員が個人化し、子育て中の若年夫婦世帯や障害者・高齢者の要介護者を抱えた家族の間で、孤立や孤独が意識され、"終の棲家"の不安も拡がっている。その解決が否応なしにコミュニティや家族関係の再生を求める声となって現れてきている。こうした現代の生活と福祉問題にかかわる公共的諸問題群を解決し、持続的な居住福祉社会の実現――誰もが安全に安心して住み続けられる居住環境と居住権の確立、ソーシャル・セーフティネットの整備――をめざすために、様々な学問領域からのアプローチが必要になってきている。ここでは、COVID-19をはじめとする社会的リスクを克服（レジリアンス）するための方策について、居住福祉学の立ち位置から提案することにする。

　私たちは、感染症や災害の拡大・拡散の中で社会的距離を保ちながら、誰も排除しない紐帯をつなぎとめる関係を地域コミュニティにおいて不断に作り出すということが求められているのである。日本政府は信用保証の拡大などを通じて、企業の資金繰りに目配りしつつ、現金給付で個人の当面の生活を支える支援策を小出しに発令している。しかし、移動制限やイベント自粛が広がるなかでの消費行動は政策で刺激しようがない。売り上げ減に直面す

る企業の破綻やリストラが増えれば景気後退を招く。リバタリアン(個人的な自由、経済的な自由の双方を重視する自由至上主義者)的偏向との批判を受ける米ハーバード大学のグレゴリー・マンキュー教授[1]でさえもが、「政府の財政支援は需要喚起よりも生活保障に重きをおくべきだ」と注文する(日本経済新聞 2020 年 3 月 18 日付)。

　1929 年の世界大恐慌と今回の COVID-19 危機は、その背景や症状が類似しているという言説が多い。1929 年 10 月 24 日に起きた「暗黒の木曜日」と呼ばれる米株式市場の大暴落をきっかけに世界に波及した経済危機である。1930 年代前半にかけて世界で貿易が停滞し、デフレが続いた。世界の鉱工業生産は約 3 割縮小し、失業者も急激に増えた。特に危機の中心だった米国では労働者の 4 人に 1 人が失業し、国民総生産(GNP)を 29 年の水準に戻すのに 10 年以上かかった(日本経済新聞 2020 年 5 月 6 日付)と警告している。また、今回の COVID-19 危機を雇用政策の視点から失業者の増大と失業問題の深刻さを訴える報道も多数見られる。このようにパンデミックの拡大に向き合う世界は、どの国も急収縮する経済への対処と同時に感染症対策が迫られている。財政面でも医療提供体制の整備や治療薬の開発などが必要である。事態の打開には一刻の猶予も許されないのに、COVID-19 のワクチン開発を巡って、多国が争奪戦を繰り広げている現状はなんとも嘆かわしい。危機回避に向けて、個別の国の利害を超えた結束と連帯が求められている。

(2) 生活保障重視への政策転換を

　いま、超高齢少子社会の迷路に喘ぐ地域コミュニティは、新自由主義経済政策の中で、衰退への途か、それとも再生への途か、どちらのシナリオを描くことができるかが問われている。もちろん、このまま放置しておくと前者の途から逃れられない。いま、求められているのは地方行政や住民の地域再生への理念と具体的な政策プログラム、そしてそれを遂行する強い意志である。ここまで差し迫った状況に置かれているのが、今日の日本の地域コミュニティである。本来、地域コミュニティの概念には、人々が共に生き、それぞれの生き方を尊重し、主体的に生活環境システムに働きかけていくという

意味が含まれている。地域コミュニティの生活の質を高め、家族や地域社会を再生していくための試みは、社会政策（住宅、健康・生きがい、環境、雇用、安全、情報・コミュニケーション）と居住福祉資源（人、まち、財、文化）と人工（自然と人にやさしい技術）を組み合わせた公共政策に基づく共同体の形成が求められる。

　これまで政府の社会保障財政の基本的な考え方は、人口減少・高齢化が急速に進むなかで、社会保障の給付抑制など財政健全化を掲げ、赤字国債を縮減し、税負担を増やし、次世代への借金の付け回しを回避するというものであった。民間企業が自らの創意工夫で事業機会を探し、投資して成長するのが本筋であり、個人には自助努力を強い、自助努力する国民の自立支援を財政的に下支えするというのが本筋であった。こうした新自由主義経済思想に基づく社会保障費の抑制政策は、今回のコロナ危機で医療体制や介護現場の危機的状況を招いている。

　「政府の補償は正しいのか。戦争被害は補償しない。自然災害も補償しない。古代からの慣習法である。だが外出制限は政府が決定したから政府の責任である。公益のために憲法上の権利を制限し、損害もある。補償するのが正しい」とは、社会学者の橋爪大三郎による政府の COVID-19 対策に対する言説である[2]。政府は感染症抑制と経済回復の両方を踏まえつつ、公益を守らなければならない。しかし、COVID-19 対策の政府の方針は、財政規律が大事で赤字国債はよくないとの平時の原則を踏襲している。市民と企業が生き延びなければ明日はない。外出制限は厳格なほど短くて済む。その間の事業所の生業補償や家賃の引き下げ、従業員の賃金保障など実効性のある生活保障政策の実施が第一義である。

　COVID-19 の広がりは、私たちの経済社会活動や価値観の再考に影響を与えていく。重要なことは、公共の福祉の推進であって、「市場原理」の力を信奉することではないだろう。今回の COVID-19 は、社会には公益があること、誰もが共同体に対する責任を分かち合っていることを教えてくれた。もし公益がなければ、医療従事者や介護従事者がパンデミック（世界的な大流行）やクラスター感染を抑えようとして懸命に努力することなどありえない。現

時点で、パンデミック対応を市場の力にまかせるべきだと言う人は、アメリカのドナルド・トランプ前大統領やブラジルのジャイル・ボルソナロ前大統領を除いて、そんなに数多くいるとも思えないのだが。感染者数が 100 万人を超える (2020 年 6 月 20 日時点) のはアメリカに次いでブラジルが 2 カ国目となる。死者も約 4 万 8,900 人で米国 (11 万人) の次に世界で 2 番目に多いという数字が如実に表している。

(3) 居住福祉社会の思想──社会的包摂と空間価値論

　空間価値とは、空間の使用価値に基礎をおいて形成される。つまり、空間は一見空いているように見えるが、そこには使用価値があり、その使用価値はある労働量の投入によって現実のものなる。と同時に、それは価値となる。使用価値に類似しており、空間としての利用価値であり、経済学上の概念で言えば空間使用価値ということになる。また、空間価値を規定する根本は、土地がわれわれの使用する場所であり、生活空間配置の基盤である。空間利用の相互関係であり、空間利用の方法であり、土地ないし空間をとりまく外的条件である (早川 1973: 5)。

　ある土地が多勢の人間の集まる場所として高い空間価値をもってくるのは、交通機関が集中し、どこからでも比較的短時間に集まってくることが可能となるからである。住宅地にあっては、職場への空間時間的距離が短く、商店・学校・病院などの生活利便施設が整備されている地域は、高い空間価値をもつ。反対に、公害をだす工場に接する住宅地の空間価値は低い。形成される空間価値をどのような観点から評価するか。①資本がその土地を利用して得る利潤を最大にすることなのか、②生活のための有効利用の方法なのか、③自然環境の保護に役立つ利用が有効使用になるのか、④もっと高度な日本の文化や伝統、歴史的遺産の保存にとって有効使用となるのか (同前: 6)。入会地や放置された空き家・空地などの土地はコモン (共有財や公共財) としての空間価値を有する。

　居住福祉社会とは、単に地域性とか、共同関心性というような外存的に規定されるものではなく、地域社会の中で疎外されているか、または排除され

ようとしている人々を受け入れる価値と社会的態度からなりたっているものであると考える。例えば、現在、地域社会が抱える大きな論点に、差別・排除問題がある。もう一つの国際化としての在日外国人の生活権・社会権の剥奪や障害者問題、ホームレスの問題は、貧困や人権の問題と同時に、差別や排除 (social exclusion) の問題として、また異質文化の交流 (social inclusion) という排除論と統合論の交錯の課題を、地域社会や住民に問い掛けている。

　被災者や原発事故地域の住民の居住権の問題がある。被災地では、「暑さ寒さが厳しい季節ほど孤独感を募らせるお年寄りが多くなる」といわれている。自分の居場所を見つけられなくて悩む人々が、自分の意志を主張できる緩やかな空間づくりが、被災のまちの一角で続けられている。

　図6-1 は、「福祉国家」対「居住福祉社会」と、「フロー（消費）」対「ストック（資源）」に対応する政策や実践を4つの象限に、A（所得保障・生活保護制度）、B（保健・医療・福祉・教育サービス）、C（居住福祉資源）、D（住宅政策）として配置することができる。こうしてみると、これまでは、どちらかというとフロー（消費：制度やサービス）の整備に重点が置かれ、ストック（資源：住宅政策・居住福祉資源）の側面は政策的にも実践的にも劣後していたと言わざるを得ない。今後は、コミュニティの「資源（ストック）」と社会保障・社会福祉の現物給付（フロー）を融合して理解することが重要である（野口 2018: 115）。そのためには、居住福祉学の動向を単に住居学や社会保障・社会福祉サービス論にとどめるのではなく――「人権としての居住」は単に「住居」があるだけではなく、人と人とが支え合う関係があってこそ成り立つ――、コミュニティの「資源（ストック）」と社会保障の現物給付（フロー）を融合して理解することが重要である。

2.　居住福祉社会の実現

(1) 居住福祉資源は社会資本

　生物学は、ゲノムという DNA のすべての遺伝情報を発見することによって、特殊性と普遍性の整理もできるし、生物多様性の理解も可能となった。では、居住福祉学は、生物学でいうところの「ゲノム」なるものを一回通過

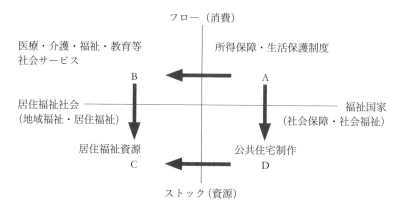

図 6-1　居住福祉社会の構図—フロー・ストックのマトリックス

出典：野口定久（2018）

したという意味で、普遍性を獲得するにはどのような概念を基礎におけばよいのであろうか。居住福祉の場合は、「居住権としての空間価値」ということになろうか。

　居住福祉の基本的な考え方は、どのような社会をめざしているのであろうか。まず、居住福祉学会の目的の全文を紹介し、居住福祉の考え方を披瀝する。「人はすべてこの地球上で生きています。安心できる“居住”は基本的人権であり、生存・生活・福祉の基礎です。私たちの住む住居、居住地、地域、都市、農山漁村、国土等居住環境そのものが、人々の安全で安心して生き暮らす基盤に他なりません。本学会では、“健康・福祉・文化環境”として子孫に受け継がれていく“居住福祉社会”の実現に必要な諸条件を、研究者、専門家、市民等がともに調査研究し、これに資することを目的とします」（原文のとおり）。このことを早川和男は、「住居は生活の基盤、健康・発達・福祉の基礎」であると、簡潔に言い表している。すなわち、そこに住み続けたいと希望するする人たち（住民）が安全に、安心して、そこに住み続けることのできる権利である。しかしいま、その居住権が政治的に脅かされている（野口 2013: 62）。

　早川は、『居住福祉資源発見の旅』（2006）の中で、「住居に不安がなければ、人は何とか暮らせる。医療や福祉にかかる経費はその都度消える一種の“消

費”だが、優良住宅という“居住福祉資源”は、いったん整備されれば次世代に引き継がれ、暮らしや健康や福祉を支える社会資本となっていく」と居住福祉資源の社会的価値を強調している。

　思い起こせば、2009年のリーマン・ショックを引き金とした世界同時経済危機(米国発の金融システム不安が拡大し、実体経済にも波及)は、日本の地域産業や地域社会、そして住民の生活に襲いかかり、「居住福祉資源」の維持に大きな打撃を与えた。日本の経済社会は、その後のデフレ基調から脱出できず、その出口を模索して迷走している。このコロナ禍ではますます出口が見えづらくなっている。居住福祉資源を基盤とした社会資本の整備は、デフレ経済、低賃金の固定、消費の低迷、地方の衰退という、こうした悪循環から地域の「居住福祉資源」を蓄積する実体経済の回復へと好循環軌道に移行する道標の役割を果たせるのではないか。幾多の居住福祉資源のまちづくりが出現することを願ってやまない。

　居住福祉の新たな視点は、次の3点に集約することができる。第1に、「資源」が経済社会全体の中でどのような位置を占めるのかを問いかけ、居住福祉学の全体像を鳥瞰し、さらに各学問分野における泰斗の思想や理論面から俯瞰的に追究することである(例えば森嶋道夫、ジョン・ロールズ、アマルティア・セン、南方熊楠、宮本常一など)。第2に、「人権としての居住」は単に「住居」があるだけではなく、人と人とが支え合う関係があってこそ成り立つ――、コミュニティの「資源(ストック)」と社会保障の現物給付(フロー)を融合して理解することである。第3に、「居住福祉資源認定書」のケーススタディを行いながら、居住福祉の実践の中でその意義と価値を検証することである(例えば、①市民自身が担う公共的領域に属する、②市民が主体的に知恵を出して作り上げたり守り育ててきたりしたもの、③歴史的に蓄積されたり新しく構築されたりしたストック、③事業の収益性よりも地域社会の生活全体を向上させる、公益重視の性格にかかわる物質や制度を析出することである)。

(2) COVID-19 危機は東京一極集中の転換となるか

　政府が掲げる地方創生の2018年度の基本方針では、地方への移住者の負

担軽減策などを新たに打ち出したものの、東京一極集中という高い壁はいまだに立ちはだかったままである。地方創生は仕切り直しを迫られている。東京一極集中の是正と地方創生の促進を同時に追求するため政府は、地方創生の第2期として2020年度から5年間の基本方針を決めた（2019年12月20日第2期「まち・ひと・しごと創生総合戦略」）。なぜ、東京一極集中の是正が進まないのか、2015年度に始まった地方創生の第1期から見直してみよう。地方創生戦略の柱は、①地方に仕事をつくる、②地方への人の流れをつくる、③若い世代の子育ての希望をかなえる、④安心できる地域をつくる──という4つの基本目標を掲げ、具体的な数値目標を計15項目設けたものである。政府の検証によると、数値目標のうち達成できたのは3項目にとどまる。東京一極集中の是正に関しては、2020年に東京圏と地方の間の転出入を均衡させるという目標を事実上、断念し、2019年末の第2期「まち・ひと・しごと創生総合戦略」の策定までに目標時期を再検討すると述べている。その背景には、首都直下地震のリスクがあり、出生率の低い東京圏に人口が集中するのは問題、というのが政府の立場である。もっともな考え方であるが、実際には一極集中が加速している。

　第2期「まち・ひと・しごと創生総合戦略」によると、2018年の東京圏の転入超過は13万6千人で半数が30歳未満の若い世代に偏っている。特に札幌、仙台、名古屋、大阪、福岡といった地方の大都市からの女性が増えている。女性の半数が大学に進むなか、高学歴の女性が求めるホワイトカラーの正社員の職を地方で見つけにくいことが要因の一つである。地方銀行の経営悪化や自治体の採用抑制の影響も考えられる。東京に転入する人の職種で目立つのは情報通信業である。保育や介護の担い手になる女性も多い。賃金の関係もあるのだろう。東京圏の転入超過は、中長期的には東京と他地域の間の所得格差と一定の相関がある。地方経済の底上げが必要だが、グローバル化とデジタル化で大手企業が東京圏に集中する傾向が続いている。第1期には企業の本社機能の移転など地方拠点の強化に取り組んだが、実態は1,690件と目標の7,500件を大きく下回っている。地方拠点の雇用増加数も目標の4万人に対し1万5,659人。第2期は税優遇などを強化する方針だが、効果は不

透明である。第 1 期の地方創生関連予算は総額 9 兆 3 千億円を超えるが、うち一極集中の是正に関連する予算は 3,300 億円余りで、最近は予算の固定化の傾向もみえる。若い女性への対策を含め地方経済の振興や雇用の創出等への予算の振り分けを拡大する必要があるのではないか。

　地方創生の新しい対策は、政令指定都市や県庁所在市など地方都市の機能強化も打ち出している（「まち・ひと・しごと創生基本方針 2018」平成 30 年 6 月 15 日閣議決定）。新たに地方都市に着目したことには理由がある。地方創生は人口減に苦しむ過疎地域に光を当て、各市町村が移住受け入れ策を強化したこともあって、都市から地方に人材が向かう「田園回帰」現象を生み出した。島根県海士町や北海道上士幌町など、実際に企業増や人口増を実現した地域も出てきた。都市に住みながら地方にかかわる「関係人口」[3]を増やし、交流によって活性化することを柱にする。政府や地方自治体は、東京一極集中の是正という課題の直視を避けないで、もっと正面から東京一極集中に向き合う必要がある。

(3) 人口の社会移動と地方再生の可能性

　都市社会の一方で、地方小都市とその周辺の山間地域の集落では、若者の流出によって高齢化が進行し、それにともなって自然増加率が小さくなり、少子化とともに生産年齢人口の減少によって、地域経済の沈滞化や第 1 次産業の後継者難が生じているなど、全国のいたるところが、いま深刻な問題をかかえている。高齢化が進行し、集落そのものが消滅しているところも現れ始めた。そして、中山間地域が抱えている諸問題が、いずれ都市社会に陰を落としていくことが予測されている。したがって、地方小都市や過疎地域の生活問題、人口問題、自然環境問題、地域経済問題等を解決する方策を探ることが、都市部に生じる多様な問題の解決や緩和につながるのである。そこで、地方小都市やその周辺部の中山間地域が、いま抱えている諸課題をみていくことにする。

　人口の「東京一極集中」の一方で、地方の若者の「地元化」や都市部からのＩターンやＵターンの傾向も見られるようになった。信号機もコンビニエンスストアもない島根県浜田市弥栄町には、「本物の田舎」の暮らしを求め、

Iターン・Uターンした新住民が集まる。元から暮らす住民と連携を密にし、農業再生や風力発電など新規事業を通して町に新風を送り込んでいる（日本経済新聞 2016 年 7 月 13 日付）。労働政策研究・研修機構「若者の地域移動－長期的移動向とマッチングの変化」（堀有喜衣主任研究員）の分析によると、地方の若者の「地元化」が鮮明になっていると指摘している。

　毎日発表される全国各地の感染者数を見ると、東京都の数字の大きさに改めて驚かされる。東京都の感染者は 2021 年 5 月 27 日時点で 159,094 人と日本全体の総数（735,496 人 クルーズ船感染者を含む）の 22% を占める。東京都の人口は約 1,392 万人で日本の総人口に対する比率は 11% を占めている。一方、感染者数が 1,396 人（2021 年 5 月 27 日現在）という岩手県の場合、人口は少ないとはいえ 122 万人で、総人口の 1% を占める。人類の歴史とともに古いパンデミックは人口密集、つまり、大都市の問題であった。1665 年からロンドンではペストにより約 10 万の命が失われた。感染症のもたらした惨状をダニエル・デフォーは、『ペスト』（1722 年）で克明に描いた。大都市は生命にとり危険なところという 20 世紀初頭までの常識を、われわれはいつのまにか忘れていたのではないだろうか。地震・原発事故等環境問題のリスクに加えて、感染症リスクの深刻さを新型コロナ禍は突きつけた。また、関東大震災（1923 年）の後、生粋の江戸っ子だった谷崎潤一郎は関西に「Iターン」した。19 世紀末に始まり、戦後に加速した「東京への一極集中」は今なお続く。これを是正すべく政府が政策を打ち出しても効き目は現れない。しかし、強いられた異常な環境下で急速に進む仕事や「新しい生活様式」のなかでの「デジタル化」の浸透は、大都市の感染症リスクへの再認識を伴って、やがて新たな歴史的Iターン・Uターンを生み出すかもしれない。

　東京一極集中は、都市直下型地震や高層マンションの倒壊など災害リスクや 100 年ごとに周期する感染症のパンデミックのさなかに晒されている。今回の COVID-19 にみられる「3 密」の象徴である「新しい生活様式」への転換は、緊急避難的との見方もあるが、意外と長期にわたり持続する「新たな住まい方」として定着する可能性もある。また、日本はじめ世界経済の停滞は、これからもデフレを長引かせるという経済社会の予測も多くみられる。消費の

停滞や賃金の上昇が見込めないとなると、大都市部での高い家賃や毎日の満員電車の通勤を回避し、あえて東京に住む必要がなくなるのではないだろうか。

　そして**図 6-2** に示したように、いかにして東京から出ていく人・企業を地方が支援していくことができるか。そうして大都市から地方中核都市へ、地方都市へ、中山間地域へと「ヒト・モノ・コト」が移っていく道筋を描くことである。地方は、この流れを待っているだけでなく、地方中核都市と地方都市と中山間地域の地域循環型経済居住圏を形成する必要がある。この流れは、東京ほど生活費がかからない地方にとって、消費と生産と流通を一体化できるチャンスとなりうるだろう。例えば、①インターネット環境を充実して、地方でのテレワークを可能にする住環境を整備する。②中山間地域の自然食材や農業・漁業の地産地消型レストラン、地方の食材を東京のシェフとパートナーを結んで安全と安心の食材を世界に輸出することもできる。③地方の空き家の有効活動、個人で私有している限界から空き家を町で共有使用するナショナル・トラスト（自然環境等を経済的な理由での無理な開発による環境破壊から守るため、市民活動等によって買い取ったり、自治体に買い上げと保全を求めたりする活動）[4] や SDGs の取り組みを自治体や金融機関を巻き込んで実行

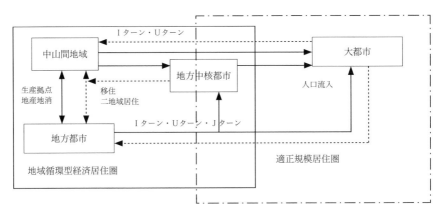

図 6-2　人口の社会移動と地方再生戦略

筆者作成

するといった活動が拡がってきている。

3. 居住福祉社会の実現に向けて

(1) 地域循環型経済の推進

　前節で紹介した地域循環型経済の事例をもう少し見てみよう。地域活性化へ向けた漁と農のコラボの事例は、農業も漁業の共通の悩みである高齢化による担い手不足で地域産業が衰退するという危機感が根底にある。農と漁の壁を越えた連携で地域活性化をめざす取り組みである。①地元のコメで魚を育てる取り組みを始めた宮城県では、2018年春から養殖ギンザケ「みやぎサーモン」に県産飼料用米を与えて育てている。現在、県内販売だけだが消費者の反応は上々とのこと。さらに東北大学などと他の魚をコメで育てることも研究中である。②産業の壁を越えた「横の連携づくり」(柳川市) は、毎月1回、「幹事会」として市、農業、漁業、観光業などの代表十数人が集まり、特産品を使った商品開発や、農業・漁業の体験ツアーの企画などを検討している。③北海道の網走川流域では、サケがたくさん帰り、ホタテやシジミが良く育つよう地域の農家と漁師が定期的に話し合い、農家は農薬の減量、漁師は植樹やゴミ拾いに協力する。「環境保護や地域の観光資源の掘り起こしの観点から農業と漁業が歩み寄るのが時代の流れである」と北海学園大学の浜田武士教授は地域循環型経済の展望を語る (日本経済新聞2018年12月17日付)。

　このように地域循環型経済を基礎に置いた居住福祉社会の実現には、以下の要件が必要であると考える。具体的には、まず第一に、徹底した地方分権と地方自治権を確立することである。住民参加型の地域社会開発による地域づくりや地域包括ケアのまちづくりを推進するためには、それにふさわしい力量をもったコミュニティとそれをサポートする生活基盤の充足、広域と狭域行政の調整による行財政改革が必要となる。そして、行政サービス(福祉、精神衛生、公衆衛生、教育、住宅、都市計画、産業など)が住民の主体的な参加と合意を得ながら地域の社会資本を整備し、住民とともに運営していくことが望まれる。

　第二に、第1次産業や地場産業の衰退化に歯止めをかけ、人口規模を適正なレベルにまで回復させることである。経済優先のこれまでの地域開発が、森林や農地をつぶし、公共サービスを奪って過疎地域をますます住みにくくしてきた。若年層や壮年層の流出をくいとめるためには、衰退化する第1次産業や地場産業とサービス産業(情報・通信、流通・物流、ビジネス支援、環境、新製造技術など)との混合型産業(6次産業化)への移行を推し進めること。産業の活性化に併せて、住民の生活基盤である医療・福祉、交通・道路などの公共サービスの充実が重要となる。

　第三に、安全で安心できる暮らしを確保するために地域社会開発と危機管理を住民の側から提起する必要がある。危機管理の主体は地元の住民であり、特にコミュニティの住民組織と、それを基盤とした市町村の地方自治体である。中央政府はあくまで補助機関にすぎないのであって、このような住民主体の地域社会づくりと危機管理・危機介入の手法は、大震災後の復興計画、大都市部のインナーシティ地区や中山間地域の地域生活問題の解決手法として、あるいは町おこし・村おこし等の有効な手法として注目されている。

　ここでは、高齢者や障害者や生活困窮者など地域で孤立しやすい人たちが住みやすい居住区域での居住福祉社会実現のために、どのような構想やプロセスが必要なのか。居住福祉社会構築の理論と実践が社会的脆弱層の社会的リスクの「問題解決能力」を備えるようになるにはどのような方策をとるべきか、以下の諸点を指摘しておく。①社会的脆弱層の生活保障——健康・所得・住宅の安全網の構築を：新たな医(健康)・所得(雇用や年金)・住(居住)の安全網を自治体と専門職、住民の協働で地域ごとに整備。②被災者が居住する仮設住宅や復興住宅を居住福祉コミュニティに：コミュニティ付き公営住宅(ストック)＋医療・福祉・介護サービス(フロー)＋専門職(ソーシャルワーク)＋見守り支援(ソーシャル・サポート)＋社会的企業(ソーシャル・ビジネス)による居住福祉コミュニティの実現。③公営住宅と周辺の地域住民が交流できるサロン活動の場を周辺地域の中に整える。

　このように居住福祉社会の実践は、全国各地で着実に広がっている。その実践の普遍化には、地元の住民が主体となって、地方自治体、ベンチャー企

業や NPO 活動、地銀など志のある多様なステークホルダーの協働のしくみ
づくりが不可欠である。

(2) ゆるやかな共同体の形成──コモンズの再生へ

　地方再生が叫ばれて久しい。しかし現実は、逆方向への流れが加速するばかりである。東京一極集中が進むからだけではなく、地方の側が、中央の指示待ち、ガバナンス不在に陥ったままなのが主たる要因である。しかし新型コロナウイルスの発生で、巨大都市への根無し草的な人口集中がはらむ脆弱性が実感された。そんな中で独自に考えて動く地方が次々と地方回帰を発言しだした。

　世界的数理経済学者の宇沢弘文は「社会的共通資本」の大切さを訴えていた。自然環境や、道路・水道などのインフラ、教育・医療などの制度資本はいずれも、地方行政に深く関わるテーマである。管理の難しい不確実性に柔軟に対処する国土づくりのためにも、日本社会に多様性や落ち着きを取り戻すためにも、地方自治の復活が期待される。

　地方再生の基本的要素である「ゆるやかな共同体」の形成には 2 つの理論を援用することが有効である。コモンズと新しい共同の考え方である。一つずつ説明をしておく。コモンズとは、土地だけでなく、広く「人々にとって共同の利益を生み出すような共同の有形無形の資産を指す。生態学者ギャレット・ハーディン (1915-2003 年) が 1968 年に『サイエンス』誌に発表した論文「コモンズの悲劇」は、多数者が利用できる共有資源が乱獲されることによって資源の枯渇を招いてしまうという経済学における法則を紹介している。近年では、地域資源を社会的共通資本 (宇沢弘文) としての共有財産ととらえなおすローカル・コモンズと大気や海洋の汚染問題を解決するグローバル・コモンズの議論が盛んである (間宮 2016: 25)。

　新しい共同は、日本社会がコモンズの衰退への不安に根ざした「共同性の危機」に直面しているという状況で、社会保障の分野においても、少子高齢化による負担の押し付けあい、既得権の固執など、格差や世代間の分断が続いている。共に生きることの価値を確認し、多様な主体がそれぞれの存在価

値を分かち合っていくことのできるような共同性の再構築を必要としている（野口 2018: 60）。

　もう一つアフターコロナで進行する大きな流れは、オフィスの分散化である。感染予防対策としてテレワークが推進されているが、それだけでは対症療法にすぎない。究極は居住の地方分散である。企業自身は自治体の協力を得て、オフィスを地方に分散、拠点化し、地方オフィスや住宅と本部とを高速かつ安全な通信回線で結ぶべきである。地方自治体にとっては居住環境全般にかかわるデジタル化をどれだけ整備できるか、民間とともにどれだけデジタル化に財政投資できるかが地方移住促進の分岐点となろう。

(3) SDGs 投資で社会問題解決するグローバル資本主義

　これまでグローバル資本主義時代には、国際競争力、生産性向上、技術革新、イノベーションという、ひたすら経済成長力を底上げするようなキーワードがみられた。国際競争力の強化は、グローバル競争時代の市場にとって当然の死活的課題であり、そのために生産性向上が不可欠となる。しかし、この「市場の合理的選択」が国際競争の激化（価格の低廉化）へ規制緩和・雇用の不安定化へ、さらに緊縮財政・地方経済の衰退が格差社会につながっていく。そしてグローバリゼーションの進行は、地場産業の海外移転を招き、地方経済の衰退をもたらした。それは、地域社会の不安を掻き立て、犯罪が増加し、地域社会の共同体が崩れていくという流れを引き起こす主たる要因にもなっていた。

　SDGs は、国連が 2015 年に採択した 30 年までの「持続可能な開発目標（Sustainable Development Goals）」の略。「誰一人取り残さない」という理念の下、世界共通の課題である貧困・飢餓の撲滅、健康福祉、ジェンダー平等など 17 のゴール（目標）と 169 のターゲットを設定している。これから資本主義に求められるのは国際協調主義の視野の広さである。SDGs では社会課題をいかに解決するかが問われる。従来は公的機関の役割だったが、ビジネスの社会に対する影響が強まるにつれ、企業も社会価値への関与が問われるようになってきた。ESG（環境・社会・統治）という観点から、社会や環境に配慮し

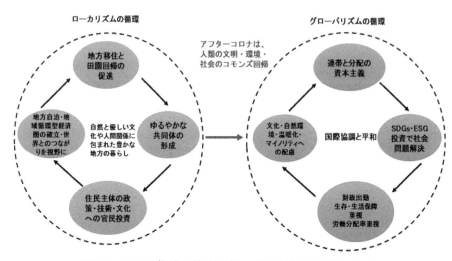

図 6-3　コモンズ概念に基づくグローバル連帯への回帰イメージ

注：橋本正洋「イノベーションと日本企業（下）「破壊的」な人材生かせ」（日本経済新聞 2019 年 10 月 4 日付）をもとに筆者作成。

ない企業は、リスクがあるとして投資対象から外される時代である（名和高司）。

　神奈川県のホームページ上には、「SDGs アクションで新型コロナウイルス感染症を乗り越えよう」という特設ページが掲載されている（2021 年 8 月 30 日掲載）。神奈川県は 2020 年 4 月、新型コロナウイルス対策の官民の取り組みを、SDGs の 17 のゴール（目標）ごとに整理して公表した。SDGs は企業や市民など多様なステークホルダーを巻き込んで、大きな経済効果が期待され、住民の生活の質や地域の価値の向上につながる。SDGs を支援する私募債などを取り扱うだけでなく、地域課題の解決に直接関わる金融機関も増えている。千葉銀行は千葉県銚子市の廃校を活用したスポーツ合宿施設に、期間 18 年の長期融資を決めた。中京銀行は愛知県犬山市、三重県名張市と、空き家の利用促進で連携協定を結んでいる。世界共通の目標が地域に根付くのか、グローバルで分断が進むのか。地方自治体や企業、地銀の選択が問われている（**図 6-3**）。

　半強制的な「新しい生活様式」は、人々の思考や意識や企業活動のあり様を大きく変えた。仕事のスタイル、家族の形などあらゆる場面で変化が始まっ

ている。また、経営者には SDGs の観点からも疫病と気候変動の関係や、未知のウイルスに対する知識とリスク認識が日常的に求められている。

おわりに──「新しい生活様式」と居住福祉社会のゆくえ

　新型コロナウイルスの広がりは、これからも私たちの社会や思考に「新しい生活様式」を強いることになるだろう。IMF（国際通貨基金）は全世界の GDP が通年で 3％減少すると予想しているが、日本は 5 ～ 6％落ちる可能性があるとしている。大和総研は日本の国内総生産（GDP）がコロナ前に戻るのは 24 年以降と予測する（日本経済新聞 2020 年 6 月 16 日付）。失業者も増大する。私たちは新しい環境に適応し、デジタル時代の生き方やコミュニティのあり様を身につけられるか。新型コロナが新しい社会と生活への覚悟を迫っている。

　最後に、アフターコロナの中で、私たちはどのような生き方を選択しなければいけないのか。いくつかの要件を提示しておこう。①いまのところ政府の政策には、感染症抑制と経済回復の効果的な対策に絞って財政措置を繰り出す意図が読み取れる。しかし移動制限やイベント自粛が広がるなかでの消費行動は政策で刺激しようがない。売り上げ減に直面する企業の破綻やリストラが増えれば景気後退を招くことになり、デフレ状態が継続することになる。②いままでの新自由主義経済思想に基づく社会保障費の抑制政策をとっている国は、今回のコロナ危機で医療体制や介護現場の危機的状況に陥っている。③居住福祉資源を基盤とした社会資本の整備は、低成長、低賃金の固定、消費の低迷、地方の衰退という、こうした悪循環から地域の「居住福祉資源」を蓄積する実体経済の回復へと好循環軌道に移行する道標の役割を果たせるのではないか。④コロナウイルスは、人口減に苦しむ過疎地域に光を当て、各市町村が移住受け入れ策を強化したこともあって、都市から地方に人材が向かう「田園回帰」現象を生み出そうとしている。⑤地域資源を社会的共通資本としての共有財産ととらえなおすローカル・コモンズと大気や海洋の汚染問題を解決するグローバル・コモンズの議論が注目されるようになった。

　グローバル化を前提としたバリューチェーンの最適化は、資本の利益の最大化を「正義」としてまい進してきた。一方で格差は広がり、自然資本や社会の共通資本、ステークホルダーなどの重要性はあまり顧みられなかった。その反省から注目されている SDGs や ESG（環境・社会・企業統治）は今後さらに重要となる。COVID-19 は、「我」ではなく「私たち」の未来のために相利共生できるかを問うている。

注

1　マンキュー氏の入門レベルの分析の多くを支える需給関係の理論は、やはり「経済学原理」と名付けられた有名な教科書の著者であるアルフレッド・マーシャルが形式化したものである。マンキュー氏を批判する人々が常に感じるのは政治的な偏向である。マンキュー氏の経済学における第一の基本原理は、経済的効率と平等の間に根本的なトレードオフ（二律背反）があるとする。政府による再分配は経済の最適な機能を妨げるというのがその理由である。経済を損なうような再分配の形式があるのは確かだが、普遍的なトレードオフの概念を支持する証拠はほとんどない。実際、豊かな国々の方が社会保障への支出が多い傾向がある。一方、マンキュー氏のトレードオフの考えは、経済を組織化する一層生産的な方法によって、再分配なしでも格差を減らすことができるかもしれない可能性を無視するものである（https://www.sankeibiz.jp/macro/news/190407/mcb1904070855001-n1.ht）。

2　この言説は、「緊急時の社会学 問われる公益性と補償 必要な措置、政府のみ可能」（橋爪大三郎、日本経済新聞 2020 年 5 月 6 日付）の中で、「公益のため払ったコストへの埋め戻しにすぎない。そして補償はすぐ払うべきだ。ただ財源を、税金で集めている暇がない。ならば赤字国債でまかなおう。巨額でも仕方ない。それで生活でき、企業が破産しなければ、将来の回復への道筋がつく。政府には感染症や経済の専門家がついている。でも専門家は専門しかわからない。政府は感染と経済を両方踏まえつつ、公益を守る。日頃の哲学の素養がものを言う。財政規律が大事で赤字国債はよくない。平時の原則である。緊急時は別だ。市民と企業が生き延びなければ明日はない。外出制限は厳格なほど短くてすむ。補償もする。経済の話はその後だ」と明解に述べている。

3　総務省は、「関係人口」を次のように定義している。移住した「定住人口」でもなく、観光に来た「交流人口」でもない、地域や地域の人々と多様に関わる人々のことを指す。 地方圏は、人口減少・高齢化により、地域づくりの担い手不足と

いう課題に直面しているが、地域によっては若者を中心に、変化を生み出す人材が地域に入り始めており、「関係人口」と呼ばれる地域外の人材が地域づくりの担い手となることが期待されている（https://www.soumu.go.jp/main_sosiki/jichi_gyousei/c-gyousei/kankeijinkou.html）。

4　ナショナル・トラストの起源は、イギリスのボランティア団体によって行われた活動を原型として、世界各地に広がった。ナショナル・トラスト自体、元々は歴史的建造物（文化財や歴史地区）の保護を目的としたもので、後に自然の景勝も保全する活動に拡大された。日本では大佛次郎により「自然保護活動」と紹介されたことに絡み、市民有志による土地の買い上げ（土地の所有権は各個人にあるものや、市民団体が保有するものなど様々）や自治体に買い取らせることにより、環境保護を行うものと解されている（公益社団法人　日本ナショナル・トラスト協会）。

参考・引用文献

ダニエル・デフォー『ペスト』中公文庫，2009.

内閣府　第2期「まち・ひと・しごと創生総合戦略」（2019年12月20日）　https://www.kantei.go.jp/jp/singi/sousei/mahishi_index.html

野口定久『ゼミナール　地域福祉学』中央法規出版，2018，pp.37, 60, 114-115

野口定久「居住福祉社会論の焦点と構想」『居住福祉研究16』東信堂，2013，p.62

早川和男『空間価値論』勁草書房，1973，pp.5-6

早川和男『居住福祉資源発見の旅』東信堂，2006

間宮陽介「コモンズとしての社会的共通資本とそのマネジメント」『水資源・環境研究 Vol.29.No2』2016，pp.20-25

〔前編〕経営学者・名和高司氏に聞く、パーパス経営とDX〜フィルターバブルから見出すトランスフォーメーションの鍵〜／DX・データ活用情報発信メディア―DOORS DX　https://www.brainpad.co.jp/doors/feature/02_purpose_management_1/

コラム　　居住福祉資源列島改造論

　名古屋工業大学の研究チームは、国内の新型コロナウイルスの感染状況を分析し、「人口密度が高いほど、感染者数が増え、収束までの期間が長くなる傾向」を突き止めた。「感染リスクを下げるには、ソーシャルディスタンス（社会的距離）を取って人の密度を低くすることが重要」と強調している（中日新聞 2020 年 6 月 18 日付）。一方、地域福祉や地域共生社会の実現を標榜する社会福祉協議会や NPO 団体などは、密接な人間関係のつながりを活動の基本指針に据えてきた。そして矛盾が生じる。

　居住福祉資源列島改造論は合成語である。「居住福祉資源論」は、言うまでもなく早川和男先生の『居住福祉資源発見の旅』（東信堂　居住福祉ブックレット 1、2006）の中で、新しい福祉空間、懐かしい癒しの場として定義づけられている。もう一つの「列島改造論」で想起するのは、これも言うまでもなく田中角栄元首相の『日本列島改造論』（日刊工業新聞社、1972 年）である。同著の中で、「戦後世界の秩序は政治、経済の両分野で明らかに再編成の局面を迎えている」とし、「日本のこんごの進路を一言にして要約すれば"平和"と"福祉"につきよう」と断言している（24 頁）。そして平和国家と国際協調・融和の中で日本社会発展の道を問うている。この両語をつなぎ合わせた概念が「居住福祉資源列島改造論」であるが、この言説の持つ意味は、現代社会を覆っている新型コロナウイルスの拡散（パンデミック）と核拡散、分断社会、ポピュリズムといった危機状況に挑戦する私たちの針路を示す重要な内容を含んでいる。

　都市が地震や COVID-19 に弱い最大の要因は過密である。大都市は何百万という人間が集まっているからこそその魅力が発揮されるのは確かだが、逆に過密なればこそ、緑地などを十分に確保できないし、本来、人が住んではいけない超軟弱地盤や急傾斜地にまで技術を過信して街を広げ、大震災や水害の下地をつくってきたことも事実である。　他方、都市の過密と裏腹に田舎の過疎がある。震災よりもっと恐ろしいのは、この過密と過疎の構造が日本列島の環境と自然を破壊し、地球環境と人類存続の危機に直結していることである。コロナウイルスは、過密都市が資源とエネルギーを浪費し、大気や水を汚染し、行き場のない大量の廃棄物を排出し、中山間地域では放棄された農地・山林が荒廃し、苦し紛れのリゾート開発によって国土が崩壊する現場に突如襲い掛かってきた。

　そこで、「密」を避けながら人と人のつながり、自然や文化の交流を促進する「関係人口」という概念を援用することは、地域経済や文化の循環を創り出そうとする地方の取り組みに参考になるのではないか。

　群馬県高崎市にある安産祈願、初宮詣、虫封じ、子供厄除け祈願で有名な山名八幡宮の取り組みは、境内でミコ（巫女）カフェやパン屋ピッコリーノなど住

民活動の他に児童発達相談所を設け、かんの虫ラボは宮司の役割、子どものストレスといった専門的な相談事は教育のプロや子育てのプロが担い、総合相談窓口や地域経済活動の役割も担う「居住福祉資源」となっている。このような地方の取り組みをコミュニティデザイナーの山崎亮氏は、「地域循環型仲間経済」と呼んでいる。地域コミュニティのお寺や神社などの居住福祉資源を活用した地域社会の普通の取り組みが全国に一般化されれば、コロナ危機に打ち勝つ居住福祉資源列島改造となりうるのではなかろうか。

第7章　居住福祉教育
──社会がつくる居住──

岡本祥浩

はじめに

　「居住は個人のもの、住居は個人資産だ。だから、その状態に社会や政府が責任を持つ必要はない」と一般に思われている。日本政府は災害による住宅の損壊に「個人資産に公的資金を投入することはできない。個人の資産形成に政府は手を貸せない」と言う。とは言え、住宅が無ければ暮らせないし、居住も存在しない。生存すら危うくなる。その状態を放置することは、治安や衛生状態の悪化を招きかねず、政府に大きな負担をもたらしかねない。2020年に感染を拡げたCOVID-19はその一例だろう。世界のあちらこちらで衛生的で安全な住居を得られないホームレスやスラムで暮らす人々に居所を提供する思いが高まった（例えば、中日新聞2020年3月29日付、4頁）。それにも関わらず日本では市民の居住に関する認識に変化が見られない。住居や居住が社会、経済の影響を受けることを認識せず、個人責任論を全面的に受け入れている。それは人々が「居住は社会的に構築される」と言う認識を持っていないからである。

　そこで本章では、人々が一人ひとりにふさわしい居住や住居を実現するために、居住を社会的に実現する必要性があることや社会から影響を受けていることを確認し、居住福祉教育の必要性を論じる。

1．居住福祉教育の目的

　居住福祉教育の目的は、一人ひとりにふさわしい居住の実現を保障する居住福祉社会の形成に寄与することである。一人ひとりにふさわしい居住の実現には、第1章の「生活資本論」で述べたように一人ひとりに住宅や居住を実現する社会的機能や資源が整っていること、居住を実現する能力（資金や社会的つながりを含む）を備えていること、さらに居住を支える条件や仕組みをライフステージや本人の状態に合わせる仕組みが存在することが必要である。社会や制度などの仕組みは人が作るが、その人を育てるのが教育である。居住福祉を実現する条件や状態を生み出し、それらを支え改善できる人々を増やすことが居住福祉社会の実現には必要である。居住福祉教育はそうした役割を担う。

　居住福祉教育は現在の居住の矛盾と権利の侵害に気づけるように人々を導かなければならない。そうであれば、人々は、人にふさわしい居住の実現に努め、居住を実現する仕組みを構築するようになるであろう。本章では居住福祉社会の形成に役立つ居住福祉教育の観点について紹介する。

2．居住福祉教育の見取り図

　居住福祉教育の中核は、二つの視角で構成される。第一の視角は目標とする居住を理解することである。「一人ひとりにふさわしい居住」とはどういう状態か。その状態が居住者や地域住民に与える効果を理解することである。効果があり、目標が明確になれば、人々はその実現に努められる。

　第二の視角は「居住への影響」を理解することである。「何が居住に影響するのか」を理解することだが、それは居住の実現は個人の責任ではなく、社会の責任であり役割であることを認識し、居住を実現する社会政策を推し進めることに他ならない。そのためには第一の視角である一人ひとりにふさわしい居住が福祉（幸せ）をもたらしたり、困窮や疾病を予防したり緩和したりするという効果や役割を有していることを十分に認識しなければならない。

居住福祉教育の二つの視角を居住福祉社会実現を念頭に五つの具体的な観点にまとめた。

①「人にふさわしい居住」の認識

　　人にふさわしい居住を理解すること。それは基本的人権の基盤となるように「プライバシー」が確保され、人としての尊厳が守られること、人間らしい暮らしを保障する人と人や人と社会とのコミュニケーションが維持されることである。

②「人にふさわしい居住」の効果

　　人にふさわしい居住は、災害や疾病から居住者を守り、医療・福祉などの社会の負担を軽減する。

③「人にふさわしい居住」に影響を与えるもの

　　人にふさわしい居住は多方面から影響を受ける。居住の基盤である空間は、可能な行為を限定したり直接・間接に抑うつや高揚などの居住者の精神に影響したりするのみならず、空間利用の可能性を左右する経済的・非経済的な仕組みが居住そのものの実現を左右する。すべての居住に影響を与える事項を配慮しなければ人にふさわしい居住は実現できない。

④「人にふさわしい居住」を実現する条件

　　「人にふさわしい居住」の実現には、目標としての人にふさわしい居住とそれに影響を与える要因の認識が必要である。目標と影響要因が明らかになれば、人にふさわしい居住を実現する条件や達成する道筋を認識でき、目標達成に向けて行動できる。居住福祉社会の実現には社会全体が、一人ひとりにふさわしい居住を実現する条件を認識することが必要である。

⑤主体としての役割り

　　当事者にふさわしい居住と現状との差を当事者以外の者が認識することは困難である。一人ひとりが人にふさわしい居住の実現に必要な条件を認識し、その実現に向けて社会に働きかけなければならない。しかしながらその実現を社会に頼るだけでなく、一人ひとりが実現の主体とし

てかかわることも不可欠である。そのために一人ひとりが主体的に社会に働きかける重要性と意義を認識することも必要である。

　以上の観点や領域を学修する居住福祉教育が必要である。以下では「居住」と社会の関わりを示すことで居住問題に社会で取り組む必要性を示し、居住福祉教育の重要性を喚起する。

3. 「居住問題」と社会の関わり

　日本社会には様々な社会課題があふれているが、一般にはそれらが居住と結びついていること、社会や社会の仕組みが生活基盤の居住を脅かしていることが認識されず、問題への対処療法に終始し、根本的な解決に到達していない。以下で居住問題が社会的課題であることを示し、その改善及び予防に社会全体で対応するきっかけを提供したい。

(1) 少子高齢化問題

　2022年の出生数の政府推計が公表（2023年4月22日）され、80万人に届かなった（79万9千728人）ことが明らかになった。少子化の傾向が早まると、年金・医療・福祉の需要増と歳入とのバランスを考えて財政のやりくりが懸念される。高齢者の生活を現役世代が支えるという現在の仕組みでは、現役世代の比率の低下で社会保障が機能しなくなることが懸念される。

　政府は、出生を促すために待機児童対策として保育所を整備したり幼児教育や保育の無償化を進めたりしている。しかしながらバブル経済崩壊後の非正規雇用の増加は不安定で低所得の労働者を増やしてきた。不安定で少ない収入では、結婚するどころか自らの生活を維持させることも困難である。新聞社説はこうした日本政府の少子化対策に対して、「雇用や貧困、住宅を含めた政策の総点検が必要」で、危機感が足りないと批判している（「出生数90万割れ　政府に危機感足りない」（中日新聞2019年12月25日付）。住居費負担の結婚や出産・子育てに与える影響は大きく、特に東京圏では共稼ぎでないと人の暮らしにふさわしい住居に住むことが困難だ。しかし妊娠・出産を迎える

と世帯収入が低下することは明らかで、そのまま住み続けることすら困難である。だから東京都の合計特殊出生率は日本全国の中で最低を記録している（2021年「人口動態統計」によると全国平均の合計特殊出生率は 1.30 であるのに対し、東京都は 1.08 である）。東京は高等教育機関も多く、時代を先導する様々な職業を抱えているために地方から教育や就労の機会を求めて若者が集まるが、世帯を形成し暮らし続けることは困難で日本の少子化を促進する役割を果たしている。

　住居費負担は、少子高齢化のもう一方の高齢者の暮らしにも大きな影響を与えている。定年退職後の居住維持が問題になる。住居費の負担は収入の 1/3（実質的には 1/4）未満であることが望ましいと言われているが、年金の 1/3 未満の家賃の住宅に住める人はほとんどいない。それどころか、年金額を超える家賃の場合が多い。「老後 2000 万円問題」が話題になったが、定年退職後の住居費を貯蓄の取崩しで賄わなければならないからである。健康を維持できている場合でさえ生活の維持は困難であるが、介護や医療が必要となると、その費用負担が更に貯蓄を圧迫する。高齢者の生活を支える施設として特別養護老人ホームが建設されてきたが、必要とする高齢者の増加に対応できず、「サービス付き高齢者向け住宅」が高齢者の生活の場として期待されて登場した。しかしながら家賃、水光熱費、食費、見守り、居住支援などを含めるとひと月に 20 万円近くの費用が必要となる。その費用を年金や貯蓄で賄える高齢者は多くない。日本の高齢者への社会保障制度は、居住が成立していることを暗黙裡の前提としており居住保障を欠き、小規模な世帯では生活困窮が居住や生活の崩壊に直結してしまう。子どもとの同居を通して居住を維持できる高齢者が少なくなり、社会的に高齢者の居住を支えなければならない状況になっている。こうした社会変化の認識は大切である。後述するが、高齢者福祉施設やサービス付き高齢者向け住宅に住めない人々が、経済的負担から無届や未届施設に居住の場を求めざるを得なくなっている。

(2) 災　害

　近年、地震、台風、豪雨、洪水と自然災害が頻発し、その被害も甚大であ

る。自然災害は一見社会の仕組みと関係ないように思われるが、大いに関係
する。以下で自然災害の発災から被災、避難所、仮設住宅、復興住宅という
過程に沿って社会の関わりを検討する。

　最善の防災手段は災害の発生地域を避けて住まうことである。しかしなが
ら、居住地の自由な選択肢は経済的な余裕を持つ人々の特権である。経済的
に余裕のない人々は、経済力の低下と共に災害危険性の高い地域での居住を
選ばざるを得ない。災害が起きるたびになぜそこに暮らしていたのかが問わ
れる。なぜ開発を許可したのかが問われる。その判断や基準はどうなってい
るのか。安全・安心な居住を持続させるために考察しなければならない観点
は多い。

　世帯の経済力が居住地の選択を左右するため、低所得でも居住できる住居
を提供しようと災害危険度を技術力で克服した開発が許可される。しかしな
がら、技術力と災害規模のバランスが崩れると、災害が生じ、経済力の弱い
人々が被災する。近年の激甚災害の頻発は、そうした可能性を高めている。
人々が地域の災害危険度を適切に認識するなら市場を介した開発地域、開発
形態や暮らし方も現在とは違ったものになるに違いない。社会福祉施設など
の洪水危険地域内の立地も避けられるだろう。人々の災害に対する認識やそ
れを醸成する教育が災害発生に影響していると考えられる。

　不幸にして住居が被災した場合、その被害の度合いは先述の住宅の立地や
建物の耐災害力に左右される。被災した住宅の再建は被災者の経済力に依存
するが、居住の再建は居住地域の被災や復興の度合いにも影響される。つま
り生活再建は、居住を支える店舗、学校、医療・福祉施設、就労の場、友人・
知人の居住などがどの程度整うのかに左右される。これら居住地環境の整備
や復興は被災者個人では対応できず、社会が備えている仕組みに頼らざるを
得ない。また、住宅の再建は費用負担能力に左右される。現在の日本のよう
に住宅価格が年収倍率の 6 倍を超える状況では、住宅再建のためのさらなる
費用負担は困難である。被災者の経済的負担能力は家賃補助などの日常の居
住政策の影響を受ける。日常的に居住費負担が一定水準未満であれば、余力
が生まれ緊急時の負担に対応しやすく住宅再建もスムーズに進む。被災から

の住宅復興は平常時の社会政策が復興過程や結果を左右することになる。

　近年、日本の避難所の環境問題が取り上げられるようになった。災害で直接失う命よりも避難所などで災害関連死として失う命の方が多い災害もある。世界中で災害が頻発しているが、どうも他の国の避難所環境は日本のようでないらしいことがわかってきた。それどころか国際的な避難所の基準(スフィア基準)に照らし合わせると、日本の避難所の環境は劣っていることがわかってきた。それでにわかに社会的な関心が高まったが、避難所の環境は我々日本人が日常的に人の居る空間を大切にしていない認識が反映しているのではないだろうか。人を大切にしない考え方が反映しているのではないか。日頃から人が居る空間について考えず、関心も持っていないので、行政が緊急時だから、一時的だからと言うと、人にふさわしくない環境でも被災者はその環境で過ごすことを受け入れてしまう。人々に人が居るにふさわしい空間についての正しい認識があれば、避難所は違った環境であるに違いない。

　日本では、避難所から期限(2年間)のある仮設住宅への転居が想定された復興政策が行われている。その考えには二年間を掛ければ、被災時のダメージも回復し自力で住宅を確保したり、再建したりすることができるとの前提があろう。この居住の復旧・復興の経路が機能するには被災者が若く、就労が再開できたり、金融機関から融資を受けられたりと言う様々な前提条件が必要である。超高齢社会の日本でそのような前提条件を満足できる者は多くない。若年層が大都市に引き寄せられ、高齢層が地方圏や大都市圏の古い市街地に暮らすと言う世代間分離が生じている現在では復旧・復興の世代間相互扶助も期待できない。災害復興過程の前提である社会条件に変化が生じていることを正しく認識しないと、迅速な復旧も達成できないし、復旧・復興過程から取り残される人々もなくならない。災害復興の社会との密接な関係を理解する人々の増加が災害に強い社会の形成に結びつく。

　東日本大震災の復興は、巨大な津波や管理できない放射能への対応に終始している。津波の影響を受け難い市街地を構築するために地盤をかさ上げしたが、その間被災者は避難場所や仮設住宅での生活を強いられた。全ての暮らしは、社会の仕組みや時間経過の影響を受ける。10年という長い期間

はライフステージの変化を招き、被災者は人生設計の変更を余儀なくされる。都市の基盤を整える間だけというが、被災者にふさわしい居住を実現しない災害復興にどのような意味があるのか、真剣に考える必要がある。

　災害を軸に居住問題を考えると、日常的な居住政策が自然災害による被害の大きさに影響を与えていることに気づく。避難所の環境、復興の過程にも日常の居住政策が大きな影響を与えている。被災という特別な期間の施策だけでなく、日常政策の重要性が認識できる。すなわち我々の居住は日常生活を通して構築され、それが被災時の防災にも結びついているのである。

(3) 強制退去

　強制退去は人が人に対して行うものであるからまさに社会が居住に直接的な影響を与えている状態である。強制退去の主な原因として「家賃滞納」「就労の喪失」そして「建物の撤去」がある。第一に家賃滞納を原因とした退去である。住宅を利用したりその立地によって得られる利便性を享受したりする対価として家賃を支払うのは当然と考えられる。しかしながら家賃滞納が病気、怪我、倒産などによる失業を原因とする収入低下であれば、情状酌量の余地がないだろうか。人にふさわしい居住を保障するために社会が家賃を補填する必要はないだろうか。さもなければ、人にふさわしい暮らしを失なってしまう。人にふさわしい住居を維持するための家賃補填をするなどの仕組みがあれば、原因の如何によらず家賃滞納による居住喪失を防ぐことができる。

　第二に就労と結びついた住居の問題である。日本の特徴として就労と住居が一体化している形態が低所得者や単身者に多い。定年や景気の悪化、病気、怪我などで職を失った場合に同時に居所も失ってしまう。収入も居所も同時に失うことがわかっていても企業は元労働者を雇用関係がなくなれば寮や社宅から追い出してしまう。元労働者を路頭に迷わせる行為は人道上許されないが、2008 〜 2009 年に派遣切りで仕事を失った労働者を中心に年越し派遣村が生まれてしまった。居住を保障する社会的な仕組みを準備しなければ同じような事が繰り返される。コロナ禍での失業や収入の低下と居所の喪失も同様の流れである。但し、コロナ禍で大きな影響を受けているのは、女性、

自営業主やフリーランスなどである。

　第三に様々な理由で建物が撤去され、そこから強制的に退去させられる人々も少なくない。建物の老朽化や耐震力不足、都市の再開発、集合住宅の建替えなどを理由とする。いずれも建物を取り壊すそれなりの理由があるのだが、建物撤去の決定に退去せざるを得ない当事者の意向はほとんど反映されていない。そのため、当事者は意図せず住居を失ったり転居せざるを得なくなり、その影響は死に至る場合もある（早川 2009: 47-50）。建物の取壊しに同意しない理由は、蓄えなど経済的な問題、病気など医療機関の利用の問題、身体機能の低下による住居の選択肢の少なさ、高齢などライフステージの問題など本人の意志では変えられない状況がある。今後、築年数の長いマンションなどの建替えが増えると予想されるため強制退去による暮らしの崩壊を防ぐ社会的な仕組みの必要性は高い。

(4) ホームレス問題

　ホームレス問題は、「ホームレスに対する誤解や偏見」問題と「ホームレス状態」の認識に着目したい。これまで何度か触れてきたように日本では「働いて賃金を得、居住費用を賄う」ことを大原則としている。したがって「居住費用を賄えない者」は、「働いていない」「働かなかった」とみなされ、社会的に支援してもらえないのである。ところが「居住費用」を払えないことと「働いていない」「働いていなかった」とは直接に繋がらない。就労の成果として住まいや飲食など基本的な暮らしの費用を賄ったり蓄えたりできる報酬が必要なのだが、野宿者や居住困窮者の多くは蓄えられるだけの報酬を得ていない場合が多い。就労中においても賃金から居所の維持費や様々なサービス費用が引かれる場合が多い。例えば、土木建築の飯場などで働いていると、手元に残る賃金がごくわずかであったり場合によっては借金だったりする例がある。このような実態から仕事が途切れたその日から野宿を強いられる者が少なくない。また、派遣就労の現場と賃金の受渡場所が離れているために時間内に賃金の受渡場所に到着できず、その日の賃金すら受け取れない派遣労働者もいる。この場合などは働いているのにお金を所持しておらず、屋根の

あるところで寝られないことになる。労働と屋根のある場所での住まいは、必ずしも連動していないのが日本の実情である。

　次に「ホームレス状態」の認識についてである。日本の法的な「ホームレス」の定義は狭く、限定的な場所での野宿者を指すものとなっている。そして前述したように「ホームレス」を働いていない怠け者と同義語に使用するが、ヨーロッパの FEANTSA の ETHOS を援用すると「安定した住居」を確保できない、人にふさわしい住居を確保できない状態、すなわち「居住福祉」を実現できていない状態や住居を確保できない「住宅確保要配慮者」はまさに「ホームレス」状態になる。住居を探しあぐねる居住困窮はホームレス問題とみなして対応すべき状態である。

　居住困窮の状況は、「経済的貧困」「関係性の貧困」「賃貸住宅市場からの排除」に区分できる。「経済的貧困」は派遣就労などの非正規就労と結びつきやすい。日雇い派遣という不安定な就労形態では定期的な家賃の支払いは難しく、日々宿泊代を支払う簡易宿泊所の寝泊まりが選択肢になる。その結果、仕事が得られ現金収入があれば屋根のある所で寝られるが、仕事がなければ、野宿をせざるを得ない。そこで彼らは野宿と簡易宿泊所の間を浮遊することになる。派遣就労が特別な技能を有した専門家の雇用形態ではなく一般的な職種の雇用形態になったことで、就労の機会が不安定で、安定した居住を維持しにくい不安定居住も日本全国に広がっている。

　「関係性の貧困」は保証人問題として顕在化する。住居の賃貸借契約には初期費用として保証金、手数料、家賃の前払いが、そして人間関係として保証人（さらに緊急連絡先）の提示が必要である。しかしながら前述の非正規雇用者をはじめ居住の困窮に陥っている者は、保証人を提示できる人間関係を失っている者が多く、賃貸住宅を契約できない。そこで初期費用、保証人、住所の提示の必要がないネットカフェ、マンガ喫茶、脱法ハウスなどが、そうした人々の居場所になり、不安定な居住状態が全国に広がっている。

　また、賃貸住宅の空き家の増加とともに賃貸住宅契約が困難な人々が目立つようになってきた。「賃貸住宅市場からの排除」は賃貸住宅経営と居住者属性との不適合が原因で顕在化する。高齢者は、低無収入で死亡時の対

処、特に孤独死の場合の懸念から賃貸住宅の契約が困難である。精神障害者
は、日常生活の支援や緊急時の対応が困難だと感じられる。刑余者は、生活
習慣がわからず近隣トラブルを起こすのではないかと懸念される。母子世帯
は、低所得で子どもが騒々しくするのではないかと大家が気をまわす。外国
人労働者は、習慣が違う、言葉が違うなどから意思の疎通が困難で住んでほ
しくないと考えられやすい。それぞれの属性ごとに賃貸住宅契約をむすびた
くない大家の立場としての言い分はあるのだが、そうだからと言って居住の
権利を奪っても良いとは言えない。問題を解決するための社会的な仕組みや
法制度を考えなければならない。

(5) ○○難民問題

　住宅で暮らせても当事者にふさわしい暮らしが実現しない場合がある。
○○難民である。生活必需品を手に入れられなかったり必要な生活行為がで
きなかったりしてその人にふさわしい暮らしができない人々を意味している。
　「買い物難民」という言葉が、『買い物難民　もう一つの高齢者問題』（杉
田 2008）を契機にブームになった。暮らしは住宅がなければ成り立たないが、
住宅だけでは暮らせない。暮らしは、買い物、医療、社会福祉施設、教育施
設、就労施設など生活を支える様々な施設や資源を利用して成り立っている。
そのバランスの崩れが「難民状態」を招いている。都市計画やまちづくりは
生活を支える施設や機能の立地を決めることで居住者の生活を実現する条件
や基盤を構築している。ところが居住者の世帯が単身世帯や二人世帯に縮小
し、年齢構成が高齢化すると、購買力が低下し、商業施設が存続できなくな
る。教育や医療・福祉施設への需要も変化する。他方、定年退職すると居住
地外への移動も少なくなり居住地内での活動が主になる。居住地域内の生活
を支える資源が減少し、居住に困難を覚え、「○○難民」と呼ばれる状況が
もたらされる。社会は、一人ひとりの居住者の属性変化に合わせた、生活を
支える仕組みの構築に責任を担っていないだろうか。

4.　居住福祉の評価

　社会が居住福祉の実現に大いにかかわっていることを認識していただけた
と思うが、その実現には「人にふさわしい居住の実現」を評価する軸が必要だ。
命を守ることは居住福祉の最低限の条件である。さらに好ましい状態として
「健康」が考えられる。その際に「健康」とは何かを定める必要がある。WHO
が「健康」について述べた「肉体的にも、精神的にも、さらに社会的にも活発
でなければならない」という説明は重要な意味を持つ。WHO は「健康」を「肉
体」「精神」「社会」の三分野に分けて考えたが、中でも「社会的」健康は今な
お新しい概念であり、なおかつ人間の本質を指摘していると考えられる。

　疾病構造の変化に伴う「健康」概念の変化から「社会的」健康が人間の本質
であることを考えよう。高度経済成長期までは、死因の主な疾病は結核など
の感染症であった。薬の開発や栄養状態、経済状態の改善を背景に感染症が
克服され治療できる疾病となった。代わって死因の主な疾病は癌や脳血管疾
患や心疾患などの慢性病が上位を占めるようになった。今や日本人の半分が
癌に罹り、三分の一が癌で亡くなる。この疾病構造の変化が「健康」概念に
大きな変化をもたらした。感染症など急性疾患が主な死因であった頃は、病
気を治癒できず、罹患が直ちに死につながった。人々は健康人と病人に二分
できた。ところが慢性疾患が主要な死因になると病気に罹っている人が増え
る。慢性疾患は、自覚するまでに長い期間を要し、病気を自覚する前後でも
変わらず社会的に活動できる。加療しながら社会的な活動ができることで当
事者の生活の満足度は下がらない。健康人と病人の境界はあいまいになった。

　人生 50 年と言われた時期が長かったが、それは身体機能が顕著に低下す
る前に亡くなることを意味した。つまり加齢によって身体機能の低下した者
はほとんどいなかった。ところが、現在は身体機能の低下する人々が増えた。
身体機能の低下の原因は医療技術の進歩と長寿化である。医療技術の進歩で
身体機能の一部を失っても命を救えることが多くなった。医療や栄養・経済
状態の改善は長寿命化をもたらしたが、加齢に伴う心身機能の低下した人々
が増えた。

つまり現在の日本社会では疾病を抱えて活動している人や身体機能の低下した人が増加するという、これまでの社会にはなかった状況が浮かび上がってきた。加齢や疾病によって身体機能は低下するが、社会とのつながり、社会での活動が生活の満足度を高める。社会に属しているという帰属意識、社会に貢献しているという満足感などが生きる糧となる。したがって、一人ひとりにふさわしい暮らし方ができていること、すなわち社会的なつながりの維持や構築が、居住福祉の評価軸として浮かび上がってくる。

5.「生きる力」、居住福祉を身に付ける

「より良く暮らす」ためには、自分にふさわしい暮らしを実現する条件を整えられるように「社会を変える」必要がある。「社会を変える」には、第一に社会的な暮らしの基盤の造られ方を学ぶこと、第二に社会の仕組みや社会そのものを変える方法を知ること、第三に居住福祉目標の客観的、国際的な水準を把握したり、国内外との連携を構築することで社会に変化を起こしやすくすることである。

(1) 暮らしの基盤の造られ方を学ぶ

私たちにふさわしい暮らしを実現するには、その基盤となる街や居住地を見直さなければならない。私たちの暮らす街や居住地は都市計画やまちづくりを通して造られるが、自らが地域社会構築に関わらなければ、自らにふさわしい暮らしの基盤は整えられない。そのためには街や居住地がどのような状態なのか、居住にかかわる情報を収集し、把握しなければならない。

まずは私たちの住んでいる住宅の診断が必要だ。どのような経歴を持つのか、どのような性能を有しているのか。安心して暮らせるのか、快適に暮らせるのか、何に気を付けたり工夫したりする必要があるのか、そのようなことを整理、把握しなければならない。いわば住宅の血統書を探し、診断しなければならない (竹島 2007)。

次いで、街は暮らしやすいのか、暮らしにくいのか。街に暮らしを支える

機能が十分に備わっているのか、それらを知らなければならない。私たちの暮らしの基盤である街や住宅がどのようになっているのかを知るためには自ら調べることと知っている他人に聞くことが必要だ。目で見たり触ったり、住んでみたりと体験を通して知ることもできる。しかしながらそうしたことから認識できる情報は一部である。私たち一人ひとりの体験や経験は限られている。そこで見逃したりわからない認識を他人の目を通して知ることも必要だ。グループで街を歩いてマップを作ったり、話を聞いたり書物を読んで街の歴史や機能を学習したりする。新たに住む場合、住民や入居者に実際の住み心地を聞くことは何にもまして重要な情報源となる。

　活動を通して、特に協同の作業を通した経験から得られる知恵は実際のまちづくりに役立つ。参加型まちづくりとしてワークショップなどを開催し、まちの課題や目標発見に活用している自治体も増えてきた（例えば、愛知県長久手市など）。こうした活動は、地域コミュニティの構築にも役立ち、暮らしやすいまちづくりに役立つ。地域を学ぶ地理学や居住地を形成するまちづくり、それらにかかわる法制度を学ぶことで私たちの暮らしの基盤がどのように形成されるのかを認識できる。

(2) 社会を変える

　居住は社会から大きな影響を受けているので、一人ひとりが暮らしやすい環境や条件を用意するには、社会の仕組みや計画を変える必要がある。社会を変える四つの方法を紹介する。

　第一は書籍など出版活動である。『認知症フレンドリー社会』（徳田 2018）は、現在の日本社会がどれほど認知症患者が暮らしにくいかを具体的な事象から説き起こし、認知症にやさしい社会はどのようにすれば築けるのかを具体的な事例をあげて紹介している。住宅団地から銀行の支店がなくなり ATM に置き換えられる。認知症でなくとも機械への対応に困難を覚えるが、ATM を使えない認知症高齢者は外出する機会や理由がなくなり、自宅に閉じこもる。しかし、誰かが認知症高齢者にひと声掛けると、その状況は好転する。ヨーロッパでは COVID-19 感染拡大の影響で若い人とスーパーで一緒には買い物

ができなくなった高齢者に対し、高齢者専用の時間帯を設けた(例えば、2020年4月1日7時のNHKニュースでフランスのスーパーが取り上げられた)が、これも社会の変化だろう。一か所が変わるだけでなく、認知症高齢者が利用する拠点施設ごとに変われば、また移動する交通機関でも変われば、認知症高齢者が暮らしやすくなると、世界の事例から紹介されている。さらに認知症高齢者に対応しやすいように居住空間が、街が、変われば認知症高齢者が暮らしやすい社会が出来る。

イギリスのホームレス問題で雑誌を通して社会を変えようと活動しているのが「ビッグイシュー」だ。イギリスでは路上で歩行者に小銭を無心し、そのお金でアルコールや薬物を購入する者が多かった。そうした行動はせっかくホームレス支援策を展開してもその効果を無に帰してしまう。そこで路上雑誌『ビッグイシュー』を発行し、その販売利益の一部を販売員に配分することで歩行者に小銭を無心しないようにさせた。ビッグイシュー基金は、雑誌『ビッグイシュー』販売の賃金だけでホームレスの生活は成り立たないので、販売員の生活指導や職業能力訓練、不動産業者や銀行などと連携したホームレス支援策を展開した。また、雑誌『ビッグイシュー』の内容はホームレスを生まないように社会を変えることを念頭に編集されている。一般大衆も手に取りやすいように著名人のインタビューなども掲載されている。ビッグイシュー基金はイギリス王室をはじめ著名人からも拠金されている。

第二は、映像の活用である。社会が変わるには、一人ひとりの認識が変わる必要がある。それにはより多くの人に事実や認識を知らせることが必要だ。事実や認識が伝われば、人々の認識が変わり、何人かが協力者や支持者に変わり得る。ある一定程度の人々の意識が変われば、世論として認識され、社会は変わる。その具体的な方法は、先述のように文章を主とした出版物もあるであろうし、絵で訴える(例えば「ダム建設反対」)こともある。また、居住運動の世界で有名な作品が1966年にBBCが放映したドキュメンタリードラマ「キャシー・カム・ホーム」である。全イギリス人口の四分の一が視聴し、終了後にはBBCの電話が鳴りやまなかったという。このドラマはイギリス政府の住宅政策の失敗を指摘し、その後政治活動団体としてのシェルター

設立、1977 年の住居法改正によるホームレス生活者法の制定に結びついた。この法改正によってイギリスのホームレス対策は救貧的な性格から居住政策の中心に位置づけられることとなった。

　第三はアートを活用した居住地再生だ。居住地の修復にコミュニティ・アーティスト（居住地域の芸術家）が活躍した住宅団地再生の事例もある。ロンドンのイーストエンドにある住宅団地の話である。コミュニティの核となることを期待されて整備された中庭が、バンダリズムの前にベニヤ板で覆われてしまった。居住者は中庭への関心を無くし、行政からは団地全体をオートロックで他人を寄せ付けないようにする案が提示された。ますます住宅団地が居住者から離れると心配したコミュニティ・アーティストが動き出した。中庭をどうすればいいのかを問うアンケートを居住者に実施した。大人から子どもまで回答できるように大人用の投げ入れ口と子供用の投げ入れ口を付けたアンケート回収ボックスを設置した。子どもが描いた絵の回答から中庭のデザインが決められた。中庭のバリケードを壊し、ブロック塀を解体した。壊したブロックを利用して BBQ 大会を中庭で開催した。みんなで BBQ を食べながら映画を見た。その映画の主人公は地域住民だった。居住者は身近な人の映像を熱心に見た。これは地域の人々が地域を見ている「ネイバーフッド・ワッチング」（人々を監視するネイバーフッド・ワッチではなく）だった。子どもを中心に居住者が中庭を造った。中庭に設置する遊具をデザインした。中庭を挟んで窓にランタンを掛けて意思の疎通を行おうとする試みは、大人も巻き込んだランタン・プロジェクトになった。子供たちがランタンの位置で示される意味を大人に解説して回る「ランタン・ディクショナリー」は、居住者の関心を中庭に引き込んだ。

　第四は国際的な連携である。京都府宇治市ウトロ地区の居住地問題は国際連携の効果を劇的な展開で示した。第二次世界大戦末期に日本軍がウトロ地区に空港を作ろうとした。そのために朝鮮半島から労働者が連れてこられた。終戦で空港建設は頓挫し、労働者の居住もうやむやになってしまった。土地も民間企業の手に渡り、朝鮮半島から連れてこられた労働者たちの居住は認められず、強制退去の判決が下った。そうした折、2004 年に韓国の春川市

江原大学で開催された日中韓居住問題国際会議に合わせてウトロ住民が窮状を訴えた。その様子が韓国国内で報道され、ウトロ住民支援の輪ができた。その動きは韓国政府を動かし、ウトロ地区の土地購入代金が予算化された。それを契機に日本国内でも動きがあり、居住者の存在を認めていなかった京都府や宇治市が居住の事実を認め、ウトロ地区に住環境整備事業として公営住宅を建設した。一旦は強制退去が進められようとした状況から居住者のために公営住宅が建設され、居住が守られた。この事例は居住者自身の活動もさることながら、支援者や国際的な連携が大きな影響力を持っていることを示す格好の事例である。

(3) 客観的な居住水準の認識

居住福祉を実現しようとする際に、その水準が適切なものかどうか、客観的に世界的な視点で認識する必要がある。これまでも見てきたように日本社会で居住保障の認識がなかったため、社会一般に達成すべき居住水準が認識されていない。国際的な連携を強めるためにも国際的な視野や関心を高めておく必要がある。

これまでに世界では、第二次世界大戦後の「世界人権宣言」(1948年)、それを具体化した「国際人権規約社会権規約」(1966年採択)があり、日本も1979年に批准した。すでに1961年にはILOが「労働者住宅勧告」で、寮や社宅の労働者の権利を侵害する問題を示し、全ての人々が安心して暮らせる居住政策の展開を勧めていた。日本政府が居住政策を勧告に従って展開していれば、派遣切りや派遣村のような事態を防げたのではないかと考えられる。居住に着目した国際会議として1976年に開催された国連人間居住会議、ハビタットがある。第一回は南北、東西の対立の中でカナダのバンクーバーで居住の実態を把握しようと開催された。第二回は1996年にトルコのイスタンブールで開催され、全ての人は「居住への権利」を持つことが確認された。第三回は2016年にエクアドルのキトで開催され、「都市への権利」が提起された。世界中で一人ひとりにふさわしい居住の実現とその基盤となる地球環境維持に向けて様々な努力を行おうと言う。そのために誰一人として都市というシ

ステムから排除せず、地球環境を守ろうというものだ。SDGs とも通じる戦略だ。こうした一人ひとりにふさわしい居住を実現する世界の努力を知るべきである。阪神淡路大震災から 30 年近く経過したが、この間甚大な災害が続き、避難所の開設も何度となくあったが、避難所の国際的な基準である「スフィア基準」が話題になってきたのはここ数年のことである。多くの人が人の居る場所の普遍的な質について認識し、声を上げるべきである。

　国際的、客観的、普遍的な人にふさわしい居住水準を認識し、国際連携のもとに行動すれば日本の居住水準も劇的に改善するのではないだろうか。一人ひとりにふさわしい居住の実現が基本的人権の一部であり、暮らしの基盤であることを今一度認識しておきたい。

おわりに

　本章は、一人ひとりにふさわしい居住や住居を実現するために居住が社会の影響を受けていることを認識すること、社会的な仕組みが居住を実現すること、そのために社会に働きかけることの重要性を示した。一人ひとりの居住への認識を高めるには、多方面にわたる居住教育が欠かせないが、本章では紙幅の関係上、社会との関わりに焦点を絞り述べた。読者諸賢が、他の領域についても居住の大切さを学ぶことを期待したい。

参考・引用文献

　杉田聡『買物難民　もう一つの高齢者問題』大月書店、2008

　竹島靖『住育のすすめ』角川マガジンズ、2007

　中日新聞社説「出生数 90 万割れ　政府に危機感足りない」2019 年 12 月 25 日付

　中日新聞「欧州ホームレス窮地　厳格な外出制限で支援縮小」2020 年 3 月 29 日付 4 頁

　徳田雄人『認知症フレンドリー社会』岩波書店、2018

　早川和男『早川式「居住学」の方法』三五館、2009

164

| コラム | コロナ禍での学び |

　コロナ禍は、日本社会の居住認識を露わにした。ここでは、日欧の居住認識の比較を通して「居住福祉学教育」の必要性を考えたい。

　ヨーロッパには、住居を公衆衛生の基本とみなす認識があった。新型コロナウイルス感染症の拡大とともに住居で暮らせていない路上ホームレスを保護しなければならないという関心が広がっていった。路上ホームレスの居場所は不特定多数の人々が利用し、ウイルス感染を防ぐことができない。路上ホームレスをウイルス感染から守らなければ社会の感染拡大を防げないと、居場所の重要性が認識された。路上ホームレスの居場所や公衆衛生の維持に果たす政府、自治体の役割の大きさが改めてクローズアップされた。家賃補助は多くのヨーロッパ諸国で実施されているが、コロナ禍の収入減少から家賃補助は実質的に家賃給付となり、その期間が争点となった。また、欧州各国での試みは各地で相互に共有され、居住実現への努力がなされた。その基盤には居住は全ての人に保障されるべき人権であるとの認識があった。

　一方、日本には「住居は人権である」という認識が一般化していない。住宅の維持を保障する一般的な家賃補助は実施されておらず、「家賃補助」は企業への補助を意味した。あくまで特殊問題として閉鎖したインターネットカフェやマンガ喫茶で起居していた人々に居場所が提供された。感染拡大を防ぐためにリモート勤務が推奨されたが、在宅勤務の住居環境は所与のものとして関心は払われなかった。在宅勤務やリモート教育が実施できる住居の存在を前提としていたが、実際には住居の狭さや静穏環境の確保の困難がDV問題や家庭内感染などを惹起している。静穏環境の保持できる差が生徒や学生の学修の格差をもたらしてしまう。全国に緊急事態宣言が発出され、自宅で過ごすなどの自粛が要請された時期に、近隣を散策した人も多かった。近隣を散策すると、公園、緑地、店舗や学校、図書館などの暮らしを支えるまちを実感する。しかしながら日本社会が居住地の環境に関心を示すことはない。

　日本には「住居や居住を社会が作る」という認識がなく、住居環境や居住への社会的関心が生まれない。コロナ禍の居住困難に人々は、低家賃住宅への転居、住宅ローンの返済方法の変更など個人的な対応に奔走せざるを得なかった。冷静に考えてみると家賃補助があれば居住は維持できるし、空き家活用の計画があれば住居の困窮を解消できる。工夫すれば暮らしにふさわしい住宅や居住地や都市を社会的に実現できる。居住と社会の関係を社会的共通認識として共有する必要がある。そのためにも「居住福祉学教育」の必要性を改めて認識させられた。

あとがき

野口定久

　本書の企画は、確か早川先生がご存命中の、2017 年 5 月初旬の京都のと
あるホテルでの会議に始まったと記憶している。本書を含めた『講座居住福
祉』創刊の想いは、日本居住福祉学会の、「会員には、建築学、医学、法学、
経済学、社会学、社会福祉学など融合領域の研究者と実践者が集う場」を形
成することである。「近接する学問領域がそれぞれ越境して日本居住福祉学
会という空間に集いながら、21 世紀の「世界絶対平和」を希求する高遠な理
想を掲げ続けて参りたい」との早川先生の強い発露であった。思うに、世の
中が格差社会になって弊害が目立つようになると出てくるのが社会主義であ
る。マルクスと並んで近代的な社会主義の祖といわれるエンゲルスが若くし
て著した『英国における労働者階級の状態』という本がある。1842 年、22 歳
で父親の経営する英マンチェスターの工場で働き始めたエンゲルスが、過酷
な労働者階級の生活を目のあたりにして取りまとめた。背景には、人類に大
きな発展をもたらした第二次産業革命が英国で激しい格差社会を生んでいた
ことがあった。同書によれば、貧しい労働者の住居には給排水設備などは
整っておらず、詰め込まれる限りの人間が、湿気の多い地下室や換気の悪い
住宅に詰め込まれていた。そんな中で、1831 年には、ロンドンでの真性コ
レラによる死者が数千人に達していたという。100 年前のスペインインフル
エンザ蔓延の背景にもブロック経済下における貧困格差社会と第一次世界大
戦があった。翻って、今日の COVID-19 危機の背後には、地球環境の劣化と
格差・貧困の拡大が横たわっている。新型コロナウイルス感染症の収束に向
けて、民主主義や自由を抑制した統制型国家に対して、資本主義の枠内で民

主主義と自由を主張できるのか、その相克に立たされているのである。格差社会と環境問題は今や世界中の問題である。本書では、居住福祉学の諸相からコラムを各章に付け加えた。各章とコラムを合わせて読んでいただければ、より理解が深まると思われる。

　次に、各章で特に主張されている論点を述べる。序章(コロナが問う居住福祉——パンデミックを超えて——：野口論文)では、COVID-19 のパンデミックからの脱出策として、気候変動による地球環境の危機には自然生態系と人間社会システムの共生領域の再生を、コモンの再生から見た居住福祉の構想には住宅や水道の再公営化を実践する市民政党のバルセロナ・イン・コモンの事例を紹介している。第 1 章(居住福祉学の新たな視点——生活資本論——：岡本論文)では、一人ひとりの生活を包括的にとらえることが大切であるとし、最も弱い人、必要性の高い人を優先させながら社会資本整備を調整しなければ、各人の「生活資本」を修復し維持することはできないと主張する。第 2 章(東アジア大都市における居住貧困問題と居住福祉の実践：全・松下論文)では、アジアの大都市(ソウル、台湾、香港)の居住貧困の実態とその解決に向けた実践的な試みの事例を通して、劣悪な住居と不安定な居住が組み合わさった状態で居住貧困が深刻化あるいは再生産されている共通点を明らかにした。第 3 章(社会的包摂と居住福祉——地域コンフリクトの克服——：野村論文)では、障害者施設におけるコンフリクト問題を題材に、問題発生から終息に至るまでに長い時間をかけてより高いレベルでの信頼と包摂を得ることを目指してコンフリクト問題に対処することにより、住民のなかに一度形成された信頼は簡単には崩壊しないものになるという可能性を示唆している。第 4 章(地域包括ケアと居住福祉——地域を基盤とした「住まいとケア」——：中田論文)では、住むための建築としての“住宅”と社会的環境において住んでいることを意味する“居住”は地域包括ケアシステムの前提として機能しているのかという問題提起に基づいて普遍的な社会保障の整備だけでなく、地域包括ケアシステムにおける「住まいとケア」の貧困が生じていることを指摘している。第 5 章(「居住福祉」と経済発展・政治意識：神野論文)では、「経済成長」があらゆる問題の解決策と信じる人た

ちが日本の経済政策や国土政策を主導してきたとし、それらの政策が大きな
「社会的不効率」を産み出していると警鐘を鳴らす。第6章（コロナ危機に向
き合う居住福祉社会——社会的距離と社会的包摂——：野口論文）では、今
回の COVID-19 危機がこれまでの極限の欲望資本主義や傲慢な人類に向けて
鳴らしている警鐘としてとらえ、その警鐘を聞いて立ち止まり、分かち合う
経済社会や支え合うコミュニティのメンテナンスに注視し、ウイズ・アフター
コロナの社会メンテナンスの方策である「居住福祉社会の実現」として提唱
している。第7章（居住福祉教育——社会がつくる居住——：岡本論文）で
は、人々が一人ひとりにふさわしい居住や住居を実現するために、居住を社
会的に実現する必要性があることや社会から影響を受けていることを認識す
る「居住福祉教育」の必要性を論じている。

　本書刊行にあたって出版元の東信堂下田勝司社長には、冒頭の京都会議か
ら出版の趣旨文を執筆していただいた。その編集方針の中で、早川先生が「18
世紀後半あたりからのユートピア実践や研究の後を手繰りながら社会主義の
壮大な実験を経て、今日の現代社会の実態分析、更に将来の新しい社会構
造・仕組みの創造と維持を研究する、全体で4巻本くらいの“共同体の研究”
が大事だと、ご自分も初期の研究を幾本か論文にまとめておられることを楽
しそうに語っておられた」と記述されている。本書が、俯瞰的な居住福祉学
——グローバルとコミュニティの共同体——の発展の一助になることを切に
願って、筆を擱く。

執筆者紹介

岡本祥浩（おかもとよしひろ）　はじめに、第 1 章、第 7 章
　1957 年、兵庫県生まれ。神戸大学大学院自然科学研究科修了。2000 ～ 2002 年、カーディフ大学（イギリス、ウェールズ）で在外研究。ヨーロッパ居住研究ネットワークの WELPHASE（福祉政策、ホームレス問題、社会的排除）分科会運営委員。IJOH（国際ホームレス誌）編集委員。日本居住福祉学会理事・会長。
　主な著書として『居住福祉の論理』（共著、1993、東京大出版会）、『居住福祉と生活資本の構築』（2007、ミネルヴァ書房）、『居住困窮の創出過程と居住福祉』（2022、東信堂）、『居住福祉を学ぶ』（2022、東信堂）など。

神野武美（じんのたけよし）　第 5 章
　1976 年～ 2012 年、朝日新聞の新聞や雑誌で情報公開や居住福祉を中心に記者を務める。現在、知る権利ネットワーク関西代表、日本居住福祉学会副会長、公益社団法人奈良まちづくりセンター理事、大阪ボランティア協会市民活動情報誌ウォロ編集委員。著書は『情報公開―国と自治体の現場から』（花伝社、1996）、『居住福祉資源の経済学』（東信堂、2009）。共著は『居住福祉産業への挑戦』（東信堂、2013）、『情報公開讃歌』（花伝社、2018）など。

全泓奎（ジョンホンギュ）　第 2 章
　東アジアの都市自治体や関連研究者、民間団体等との連携によって、貧困や排除、そして社会的包摂にかんする実践的研究を行っています。主要著作に、『貧困と排除に立ち向かうアクションリサーチ：韓国・日本・台湾・香港の経験を研究につなぐ』（明石書店）『包摂型社会：社会的排除アプローチとその実践』（法律文化社）、『東アジア福祉資本主義の比較政治経済学：社会政策の生産主義モデル』（監訳、東信堂）、『分断都市から包摂都市へ：東アジアの福祉システム』（東信堂）など。

中田雅美（なかたまさみ）　第 4 章
　大阪生まれ、社会福祉士。高校の部活動中の怪我が転機となり、医療・福祉を自分事として関心を持つ。関西福祉科学大学の 1 期生として入学し、日本福祉大学大学院に進学。2010 年 9 月に博士号（社会福祉学）取得。
　大阪－愛知－大阪－北海道－愛知と居所を移動させながら、地域社会におけるひとり一人の LIFE に関心を持ち、居住福祉・地域包括ケア研究を続けている。2022 年度より中京大学現代社会学部に所属。著書に『高齢者の「住まいとケア」からみた地域包括ケアシステム』（明石書店、2015）がある。

野口定久（のぐちさだひさ）　序章、第6章、あとがき

1951年兵庫県に生まれる。現職は佐久大学人間福祉学部教授および日本福祉大学名誉教授、博士（社会福祉学）。主著に、「誰も排除しないコミュニティの実現に向けて‐地域共生社会の再考」宮本太郎編『自助社会を終わらせる』（岩波書店, 2022）、『ゼミナール地域福祉学』（中央法規, 2018）、『人口減少時代の地域福祉』（ミネルヴァ書房, 2016）、『居住福祉学』（有斐閣, 2011）など。専攻は、地域福祉、社会福祉政策、居住福祉。過疎地集落など現地を訪ね、そこに暮らしている人々の話を聞き、その言葉を理論的にまとめ、それぞれの自治体の政策や計画に提言している。

野村恭代（のむらやすよ）　第3章

大阪大学大学院人間科学研究科修了。専門社会調査士、社会福祉士、精神保健福祉士。医療法人に勤務中、生活のしづらさのある人の住まいに対する「施設コンフリクト」を知る。解決策が見出せないため自身で研究することに。2018年10月からは、防災やつながりがテーマの番組「ハートフルステーション」（YES-fm, 毎週水曜日12:15〜）のパーソナリティを担当。主著に『施設コンフリクト‐対立から合意形成へのマネジメント』（幻冬舎, 2018）、『地域を基盤としたソーシャルワーク‐住民主体の総合相談の展開』（中央法規出版, 2019）、『つながりが命を守る 福祉防災のはなし』（技報堂出版, 2022）などがある。

松下茉那（まつしたまな）　第2章

これまで韓国・高麗大学とソウル大学への交換留学を経験し、韓国の社会福祉や居住福祉に関心をもつ。修士課程在学中は、ソウル市住宅供給公社にて社会住宅に関する部署でのインターンを行う。その後、神戸市役所に入庁。2019年から大阪公立大学都市科学・防災研究センターの特別研究員として韓国の簡易宿泊所密集地域に関する研究に携わるようになる。現在、大阪公立大学都市科学・防災研究センターの特別研究員および神戸市職員。神戸大学大学院国際協力研究科博士後期課程在学中。

編著者紹介

岡本祥浩

　　著者紹介参照

野口定久

　　著者紹介参照

（居住福祉叢書③）居住福祉の諸相

2023年10月30日　　初　版第1刷発行

〔検印省略〕
定価はカバーに表示してあります。

編著者 ©岡本祥浩・野口定久／発行者 下田勝司

印刷・製本／中央精版印刷

東京都文京区向丘1-20-6　　郵便振替 00110-6-37828
〒 113-0023　TEL（03）3818-5521　FAX（03）3818-5514
Published by TOSHINDO PUBLISHING CO., LTD.
1-20-6, Mukougaoka, Bunkyo-ku, Tokyo, 113-0023, Japan
E-mail : tk203444@fsinet.or.jp　http://www.toshindo-pub.com

発　行　所
株式
会社 東 信 堂

ISBN978-4-7989-1755-9　C3336 ©OKAMOTO Yoshihiro, NOGUCHI Sadahisa

東信堂

※定価：表示価格（本体）＋税

〒113-0023　東京都文京区向丘1-20-6　TEL 03-3818-5521　FAX03-3818-5514
Email tk203444@fsinet.or.jp　URL:http://www.toshindo-pub.com/

〒 113-0023　東京都文京区向丘 1-20-6
TEL 03-3818-5521　FAX03-3818-5514　振替 00110-6-37828
Email tk203444@fsinet.or.jp　URL:http://www.toshindo-pub.com/

※定価：表示価格（本体）＋税

東信堂

書名	著者	価格
顔のみえないデジタル社会 —戦場・生殖・学校から人が消える	佐久間孝正	二六〇〇円
コミュニティ思想と社会理論	橋本和孝・吉原直樹編著	二七〇〇円
地域社会研究と社会学者群像 —社会学としての闘争論の伝統	速水聖子・橋本和孝編著	五九〇〇円
シカゴ学派社会学の可能性 —社会的世界論の視点と方法	宝月　誠	六八〇〇円
正統性の喪失 —アメリカの街頭犯罪と社会制度の衰退	Ｇ・ラフリー／宝月誠監訳	三六〇〇円
歴史認識と民主主義深化の社会学	庄司興吉編著	四二〇〇円
主権者の社会認識 —自分自身と向き合う	庄司興吉	二六〇〇円
主権者の協同社会へ —新時代の大学教育と大学生協	庄司興吉	二四〇〇円
地球市民学を創る —地球社会の危機と変革のなかで	庄司興吉編著	三三〇〇円
社会学の射程 —ポストコロニアルな地球市民の社会学へ	庄司興吉	三二〇〇円
再帰的＝反省社会学の地平	矢澤修次郎編著	二八〇〇円
社会的自我論の現代的展開	船津　衛	二四〇〇円
ハーバーマスの社会理論体系	永井　彰	二八〇〇円
丸山眞男 —課題としての「近代」	中島道男	二六〇〇円
ハンナ・アレント —共通世界と他者	中島道男	二四〇〇円
観察の政治思想 —アーレントと判断力	小山花子	二五〇〇円
未来社会学 序説	森　元孝	二〇〇〇円
理論社会学 —勤労と統治を超える	森　元孝	二四〇〇円
貨幣の社会学 —社会構築のための媒体と論理	森　元孝	一八〇〇円
階級・ジェンダー・再生産 —現代資本主義社会の存続メカニズム	橋本健二	三三〇〇円
現代日本の階級構造 —理論・方法・分析	橋本健二	四五〇〇円
人間諸科学の形成と制度化 —社会諸科学との比較研究	長谷川幸一	三八〇〇円
現代社会と権威主義 —フランクフルト学派権威論の再構成	保坂　稔	三六〇〇円

※定価：表示価格（本体）＋税　　〒113-0023　東京都文京区向丘1-20-6　TEL 03-3818-5521　FAX03-3818-5514　Email tk203444@fsinet.or.jp　URL:http://www.toshindo-pub.com/

東信堂

東信堂

※定価：表示価格（本体）＋税　　〒113-0023　東京都文京区向丘1-20-6　TEL 03-3818-5521　FAX03-3818-5514
Email tk203444@fsinet.or.jp　URL:http://www.toshindo-pub.com/

━━ 東信堂 ━━

- オックスフォード キリスト教美術・建築事典　P&L・マレー著／中森義宗監訳　三〇〇〇〇円
- イタリア・ルネサンス事典　中森義宗・J・R・ヘイル編／中・義・宗監訳　七八〇〇円
- 美術史の辞典　P・デューロ他／中森義宗・清水忠訳　三六〇〇円
- 涙と眼の文化史──中世ヨーロッパの標章と恋愛思想　徳井淑子　三六〇〇円
- 青を着る人びと　伊藤亜紀　三五〇〇円
- 社会表象としての服飾──近代フランスにおける異性装の研究　新實五穂　三六〇〇円

- 病と芸術──「視差」による世界の変容　中村高朗編著　一八〇〇円
- 象徴主義と世紀末世界　中村隆夫　二六〇〇円
- イギリスの美、日本の美──ラファエル前派と漱石、ビアズリーと北斎　河村錠一郎　二六〇〇円
- 美を究め美に遊ぶ──芸術と社会のあわい　江藤光紀・荻野厚志編著　二八〇〇円
- バロックの魅力　小穴晶子編　二六〇〇円
- 新版 ジャクソン・ポロック　藤枝晃雄　二六〇〇円
- ロジャー・フライの批評理論──知性と感受性　要真理子　三六〇〇円
- レオノール・フィニ──境界を侵犯する新しい種　要真理子・前田茂監訳　四二〇〇円
- 西洋児童美術教育の思想──ドローイングは豊かな感性と創造性を育むか?　尾形希和子　二八〇〇円

【世界美術双書】

- バルビゾン派　井出洋一郎　二三〇〇円
- キリスト教シンボル図典　中森義宗　二三〇〇円
- パルテノンとギリシア陶器　関隆志　二三〇〇円
- 中国の版画──唐代から清代まで　小林宏光　二三〇〇円
- 象徴主義──モダニズムへの警鐘　中村宏光　二三〇〇円
- 中国の仏教美術──後漢代から元代まで　久野美樹　二三〇〇円
- セザンヌとその時代　浅野春男　二三〇〇円
- 日本の南画　武田光一　二三〇〇円
- 画家とふるさと　小林忠　二三〇〇円
- ドイツの国民記念碑 一八一三─一九一三年　大原まゆみ　二三〇〇円
- 日本・アジア美術探索　永井信一　二三〇〇円
- インド、チョーラ朝の美術　袋井由布子　二三〇〇円
- 古代ギリシアのブロンズ彫刻　羽田康一　二三〇〇円

※定価：表示価格（本体）＋税

〒113-0023　東京都文京区向丘1-20-6　TEL 03-3818-5521　FAX03-3818-5514
Email tk203444@fsinet.or.jp　URL:http://www.toshindo-pub.com/